DE LA

PEINTURE A L'HUILE.

Imprimerie de Mme. HUZARD (née Vallat la Chapelle),
rue de l'Éperon, n°. 7.

DE LA
PEINTURE A L'HUILE,

OU

DES PROCÉDÉS MATÉRIELS EMPLOYÉS DANS CE GENRE DE PEINTURE,
DEPUIS HUBERT ET JEAN VAN-EYCK JUSQU'A NOS JOURS;

Par **J.-F.-L. MÉRIMÉE**,

SECRÉTAIRE PERPÉTUEL DE L'ÉCOLE ROYALE DES BEAUX-ARTS.

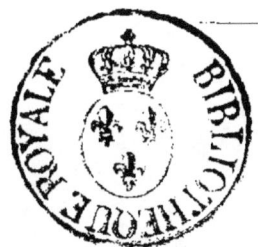

PARIS,

Mme HUZARD (née VALLAT LA CHAPELLE), LIBRAIRE,

RUE DE L'ÉPERON-SAINT-ANDRÉ, N°. 7.

1830.

EXTRAIT

Du Rapport fait à l'Académie des Beaux-Arts de l'Institut royal de France,

Par M. Quatremère de Quincy.

La Commission que vous avez nommée pour faire un Rapport sur l'ouvrage manuscrit de M. *Mérimée*, intitulé *De la Peinture à l'huile ou des Procédés matériels employés par les Peintres, depuis Hubert et Jean Van-Eyck jusqu'à nos jours*, a l'honneur de vous soumettre le résultat de ses observations et de son opinion sur cet ouvrage.

Les préceptes et les avis que M. *Mérimée* a répandus et développés dans cet important Traité sont moins relatifs à l'art, qu'au matériel de la peinture. Il n'a pas la prétention d'apprendre à faire de bons tableaux, mais des peintures durables. Son objet est de rechercher quels ont été les procédés employés dans la peinture à l'huile, depuis son origine jusqu'à nos jours. Cette investigation lui a donné pour résultat que les plus anciens peintres flamands et vénitiens ne peignaient pas comme nous avec des huiles pures, mais qu'ils détrempaient leurs couleurs avec des vernis, auxquels il faut attribuer la conservation de leurs tableaux.

M. *Mérimée* décrit donc la préparation des différens vernis qu'on peut mêler avec les couleurs, et de ceux qu'on peut appliquer sur les tableaux terminés. Il donne aussi les notions les plus exactes sur les matières colorantes, sur leur préparation, leur solidité, l'action qu'elles exercent les unes sur les autres dans leurs divers mélanges, sur l'altération que l'air et la lumière leur font subir, ainsi qu'aux substances grasses avec lesquelles elles sont unies ; il indique les précautions à prendre pour assurer la conservation des tableaux et les moyens de les restaurer ; il termine son ouvrage par une théorie de la colorisation appliquée à l'harmonie.

Dans le Chapitre Ier., M. *Mérimée* commence par établir, comme un fait incontestable, que les frères *Van-Eyck* sont les inventeurs de la peinture à l'huile, et il réfute à cet égard les écrits de *Theophilus, Presbyter* et de *Cennino Cennini*. Toute controverse sur cet objet nous a paru à peu près inutile, l'expérience sur beaucoup d'autres points ayant prouvé qu'il n'y a pas de découverte qui n'ait eu plus d'un inventeur; ce qui signifie qu'il y a dans chacune plusieurs degrés d'invention.

Quoi qu'il en soit, M. *Mérimée* a observé que les tableaux peints à l'huile en Italie et en Allemagne, aux XIVe. et XVe. siècles, sont mieux conservés que la plupart des peintures faites depuis, et particulièrement dans le siècle dernier. Il en conclut que les procédés employés, dans l'origine de la peinture à l'huile, ne nous sont point parvenus sans altération, et que nous en avons même perdu complétement la tradition.

L'objet principal de l'auteur a été de découvrir les procédés primitifs, soit par la lecture des premiers Traités de peinture, soit par l'examen attentif des anciens tableaux qui ont le mieux résisté à la destruction. Il a cru reconnaître que la conservation de ces peintures devait être attribuée à un mélange de matières résineuses, servant d'excipient aux couleurs.

Dès la renaissance et même avant la découverte de la peinture à l'huile, on connaissait bien l'emploi du vernis pour préserver les tableaux de l'impression de l'air; mais aucun des auteurs qui ont écrit sur l'art à cette époque n'a fait mention du vernis incorporé aux couleurs, si ce n'est *Armenini* qui en 1587 conseilla de mêler les substances résineuses aux huiles dans les matières colorantes et même dans la pâte de l'impression.

M. *Mérimée* a observé et analysé avec soin les plus anciens tableaux; il a interrogé ceux qui les restaurent, et il a cru reconnaître, à la dureté de la pâte et au luisant de la cassure, qu'elle n'a pas été délayée seulement avec des huiles, mais aussi avec des vernis dont quelques uns doivent être de la nature des vernis durs. Au reste, presque tous les tableaux du commencement du XVIe. siècle sont, comme tous ceux du siècle précédent, exécutés sur une impression de blanc de craie à la colle, sur laquelle on passait une couche d'huile siccative. On opérait, en commençant, avec des couleurs transparentes, et lorsqu'on s'était assuré ainsi de la composition, du dessin et même de l'effet général du clair-obscur, on terminait le tableau avec des pâtes légères, qui donnaient plus de consistance et de relief à la peinture. C'est ainsi qu'ont opéré les frères *Van-Eyck*, le *Perugin*, *Léonard de Vinci*, *Raphaël* et *Fra-Bartolomeo*.

Un second moyen, employé par *Le Titien* et *Corrège*, est d'empâter son ébauche et de n'employer les couleurs transparentes et les glacis que pour terminer le tableau, et il est à remarquer que les plus grands coloristes ont employé l'un et l'autre de ces procédés opposés et ont obtenu le même résultat.

M. *Mérimée* croit retrouver dans les glacis, dont les Vénitiens et les Flamands tirèrent aussi grand parti, une preuve de l'emploi qu'ils firent du vernis dans leurs couleurs. Cependant il avoue qu'on ne dût pas tarder à s'apercevoir des inconvéniens résultant de l'emploi excessif des glacis ou de leur mauvaise exécution, et que des tableaux très brillans d'abord ne tardèrent pas à se noircir et à s'altérer. Il ajoute que ceux de *Titien*, de *Paul Véronèse*, de

Rubens, qui sont le mieux conservés, sont ceux qu'ils ont peints sur une impression en détrempe.

Après avoir passé en revue les plus célèbres artistes des Écoles d'Italie et de Flandre, M. *Mérimée* arrive à l'École française, qu'il ne fait dater que de *Simon Vouet*, à l'influence duquel il attribue le peu de succès des peintres français dans le coloris. Si l'on prétend que *Simon Vouet* eut la première école, en entendant par ce mot un nombre d'élèves des plus habiles formés sous lui, on en conviendra, pour peu qu'on accorde aussi qu'avant lui la France avait eu de fort habiles peintres, sans compter ceux que l'Italie lui avait envoyés. Si l'École de *Vouet* ne produisit pas de grands coloristes, il y aurait peut-être quelque sévérité à étendre l'effet de la cause prétendue à tous les peintres suivans en France, et parmi lesquels on en citerait auxquels on ne peut contester le mérite et le titre de coloriste.

M. *Mérimée* croit voir la détérioration de nos tableaux suivre, sous le rapport matériel, la décadence de notre École. Il ajoute que depuis que l'École s'est régénérée, les peintres se sont montrés plus soigneux, les marchands de couleurs plus consciencieux et plus instruits. Nous devons, dit-il, espérer que la science, venant au secours de l'art, donnera à nos peintures une plus grande solidité.

Le second chapitre de l'ouvrage de M. *Mérimée*

traite des vernis, de la nature et des propriétés des substances dont ils se composent. L'auteur, après quelques recherches sur l'*atramentum* ou vernis d'*Apelles*, passe en revue les substances bitumineuses et résineuses dont se composent les vernis, et il indique les huiles employées dans la peinture; mais c'est dans la préparation des vernis que l'on trouve un grand nombre de notions neuves et précieuses, dues en partie aux recherches de l'auteur.

Le Chapitre V, qui traite de la préparation et de l'impression des panneaux, des toiles et des murs, est un des plus utiles, et les procédés que l'auteur indique tendent tous à la solidité et à la durée des peintures.

Quant au Chapitre IV, qui forme, à lui seul, une bonne partie de l'ouvrage et qui est relatif à la préparation des couleurs, il appartient plus à la chimie qu'à la peinture, et on peut s'en rapporter sur cela aux connaissances spéciales de M. *Mérimée*, qui paraît avoir démêlé, au milieu d'une foule de recettes et de préparations, celles qui se rapprochent le plus de la simplicité naturelle; car il est à remarquer que, de toutes les couleurs, les plus solides sont celles qui ont été lentement élaborées dans le grand laboratoire de la nature.

Le Chapitre VI traite des meilleurs moyens de conservation pour les tableaux et de la description des procédés ingénieux qu'on emploie pour les restaurer et leur donner, pour ainsi dire, une nouvelle existence.

Le Chapitre VII est intitulé, *Théorie de la colorisation appliquée à l'harmonie des couleurs.* Après avoir établi avec beaucoup de clarté cette théorie, fondée sur les propriétés physiques des couleurs, M. *Mérimée* en fait découler les principes de l'harmonie applicables à la peinture, et il les replace ainsi sur leur base naturelle. Cette partie n'est pas susceptible d'être analysée, et de simples extraits n'en donneraient qu'une idée imparfaite.

L'auteur a ajouté ici en faveur de la fresque un chapitre étranger au titre de son ouvrage, il est vrai, mais dont on doit néanmoins lui savoir gré, à raison soit du renouvellement qu'on a fait il y a peu de temps de ses procédés, soit de l'importance de son emploi pendant plusieurs siècles, et concurremment avec celui de la peinture à l'huile.

Chargée de rendre compte de l'ouvrage de M. *Mérimée*, la Commission nommée à cet effet croit en avoir assez dit pour en faire apprécier l'intérêt et l'utilité que peut en retirer l'art de la peinture.

Son avis est donc que, nonobstant quelques points de critique susceptibles de quelques légers dissentimens, l'ouvrage de M. *Mérimée* renferme une multitude d'observations importantes, de faits constatés par l'expérience, de préceptes qui ne peuvent tourner qu'au profit de l'art, et que sa publication ne saurait être qu'infiniment avantageuse.

L'Académie approuve les conclusions du rapport, et arrête qu'un extrait en sera adressé au Ministre de l'Intérieur.

Pour extrait conforme,

Le Secrétaire perpétuel,

QUATREMERE DE QUINCY.

INTRODUCTION.

Les tableaux de *Hubert* et *Jean Van-Eyck*, et ceux de quelques peintres de la même époque sont beaucoup mieux conservés que la plupart des peintures du siècle dernier. Les procédés d'après lesquels ils ont été exécutés, transmis seulement par tradition, ne nous sont pas parvenus sans altération; et il est permis de croire que ces tableaux, dont les couleurs, après trois siècles, nous étonnent par leur éclat n'ont pas été peints comme ceux que nous voyons sensiblement altérés après un petit nombre d'années.

Si l'on trouvait un manuscrit de *Van-Eyck* sur la préparation et l'emploi des couleurs, il est hors de doute que l'annonce d'une pareille découverte ne fût accueillie avec le plus vif intérêt par ceux qui étudient ou cultivent la peinture. Cette hypothèse ne se réalisera pas; mais le résultat ne serait-il pas le même, si l'on parvenait à découvrir les procédés primitifs, soit par la lecture des premiers traités de peinture, soit par l'examen attentif des anciens tableaux qui ont le mieux résisté aux nombreuses causes de destruction auxquelles ils sont exposés? J'ai cru que cela était possible, et cette opinion a déterminé les recherches qui sont l'objet de cet essai. Si je n'ai pas atteint le but que j'avais en vue, je l'aurai du moins signalé. J'aurai tracé une route utile, dans laquelle d'autres pourront s'avancer avec plus de succès.

Lorsqu'un élève de notre École est parvenu au point de gagner le grand prix de peinture, nul doute qu'il ne soit en état de faire, d'après un tableau de son maître, une copie parfaitement exacte. Qu'on le charge alors de copier quelque chef-d'œuvre de l'École flamande ou vé-

INTRODUCTION.

nitienne, j'ose assurer qu'il éprouvera des difficultés qu'il ne pourra surmonter, si on ne lui a pas fait connaître les procédés suivis par le coloriste qu'il veut imiter; mais si on les lui découvre, si on lui enseigne les moyens d'augmenter l'éclat et la transparence de ses couleurs, de conserver cette transparence ou de la reproduire après l'avoir perdue, la pratique de ces procédés sera bientôt acquise par un jeune peintre dont l'œil et la main sont déjà très exercés : alors la copie d'un tableau de *Rubens*, de *Rembrandt* ou du *Titien* ne lui paraîtra pas plus difficile que celle d'un ouvrage de son maître.

Tous les peintres, en étudiant leur art, éprouvent plus ou moins le désir de connaître la nature et les propriétés des couleurs qu'ils emploient : il y a peu de livres qu'ils puissent consulter là dessus avec fruit, et l'ouvrage qui devrait être le plus instructif, l'*Encyclopédie*, est celui qui contient le plus d'erreurs.

b.

INTRODUCTION.

Le livre que *Watin* publia en 1772 (1) est sur quelques points plus instructif. Cet ouvrage, très bon pour l'époque à laquelle il fut composé, a eu un succès mérité, on en a fait plusieurs éditions, et faute de mieux, on l'a réimprimé de nouveau, il y a peu d'années.

Un professeur de chimie de Genève a traité le même sujet dans un ouvrage en deux volumes, publié en 1803 (2). L'auteur était trop instruit pour se borner à décrire des procédés comme l'aurait fait un simple manipulateur; il entreprit d'en développer la théorie, à l'aide de la science qu'il avait étudiée : il eût assurément fait le meilleur ouvrage qu'on pût composer alors, s'il eût réuni aux connaissances qu'il possédait celles que la

---

(1) *L'art du peintre, doreur et vernisseur.*

(2) *Traité théorique et pratique sur l'art de faire et d'appliquer les vernis;* par P.-F. *Tingry.* Genève, chez G.-J. *Manget*, libraire.

pratique seule fait acquérir. Au lieu de grossir son livre, en empruntant à divers auteurs ce qui lui paraissait d'accord avec sa théorie, il eût mieux fait de se borner à décrire les expériences qu'il avait répétées avec soin. Toutefois, le traité de *Tingry* sur la préparation et l'emploi des couleurs et des vernis est un de ceux que l'on peut consulter avec plus de fruit.

Les deux ouvrages que je viens de citer n'ont eu pour objet que la peinture de décoration. Il en existe deux autres, spécialement composés pour les artistes : le premier fut publié à Rome en 1813. L'auteur, M. *Marcucci*, avait étudié la peinture pendant les premières années de sa jeunesse : se trouvant forcé par les circonstances de se mettre à la tête d'un établissement de pharmacie, il conserva dans sa nouvelle profession son premier penchant, et pour se dédommager de ne pouvoir s'y adonner, il recueillit avec soin tout ce qui, dans l'étude de la chimie, lui parut se rattacher utilement à l'art, objet de sa prédilection, et contribuer à ses progrès.

L'ouvrage de M. *Marcucci* est divisé en deux parties principales. Dans la première, il fait connaître la préparation des différentes matières employées dans la peinture; l'autre partie se compose d'observations sur les procédés suivis dans les Écoles florentine, vénitienne et flamande, à l'époque où elles étaient le plus florissantes. A ces observations sont jointes des notes d'un restaurateur de tableaux, qui jouit à Rome d'une grande célébrité (1).

D'après le titre de cet ouvrage, j'eus d'abord l'idée de le traduire en y faisant au besoin quelques additions; mais j'abandonnai ce projet en voyant qu'il eût fallu refaire en entier la première partie: c'était cependant celle qui, traitée par

---

(1) M. *Palmaroli*.

INTRODUCTION.

un chimiste, aurait dû laisser le moins à désirer.

Sans doute l'auteur n'a pas cru devoir y apporter tout le soin qu'il était capable d'y mettre, il s'est contenté de choisir dans divers ouvrages les descriptions de procédés qui lui ont paru devoir réussir, et n'a pas pris la peine de les répéter avant de les décrire. Il aura pensé que, dans les grandes villes, où les grands peintres demeurent, le commerce subvenait à tous leurs besoins. Cela est généralement vrai; mais il pourrait arriver qu'un peintre habile se trouvât accidentellement placé dans un pays où ces ressources lui manqueraient en tout ou en partie : alors ne serait-il pas bien important pour lui qu'il pût préparer, ou faire préparer sous sa direction tout ce qui est nécessaire à l'exercice de son art?

La seconde partie de l'ouvrage est la meilleure : elle contient des observations intéressantes sur les méthodes d'opérer des anciens peintres. M. *Marcucci* a judicieusement pensé qu'il devait consulter sur cette matière un habile restaurateur. C'est en effet en restaurant les anciens tableaux qu'on peut apprendre à bien connaître les différens procédés des Écoles et ceux particuliers à chaque maître.

Le second ouvrage, spécialement destiné aux artistes, est de M. *Bouvier*, peintre, membre de la Société des Arts de Genève. Il le publia, il y a trois ans, sous le titre de *Manuel des jeunes artistes et amateurs en peinture*.

Dans cet ouvrage, fruit d'une longue expérience, ce n'est pas la nature et la préparation des couleurs que l'auteur a voulu faire connaître, mais seulement l'effet qu'elles produisent à l'emploi. Sous le rapport de la pratique de toutes les parties de la peinture, il est entré dans des détails qui pourront paraître minutieux à ceux qui, placés sous la direction d'un habile maître, ne peuvent rien igno-

INTRODUCTION.

rer des moyens pratiques et des ressources de l'art; mais il a eu principalement en vue ceux qui sont éloignés des grandes villes, et c'est là seulement que l'on trouve avec les moyens d'instruction tous les matériaux et ustensiles nécessaires à l'exercice de la peinture.

Ceux-mêmes qui sont placés le plus favorablement pour leur instruction trouveront dans le *Manuel* de M. *Bouvier* des choses qu'ils ignorent et qu'ils seront satisfaits d'apprendre, sur les effets de certaines couleurs, sur les précautions à prendre dans leur préparation et dans leur emploi. Lorsqu'on veut décrire des procédés, mieux vaut en dire trop que de n'en pas dire assez (1).

---

(1) C'est seulement au moment où je me disposais à faire imprimer cet essai, que j'ai eu connaissance de l'ouvrage que M. P. *de Montabert* vient de publier. Mes occupations ne m'ont pas laissé le loisir de lire en entier ce *Traité complet de la peinture*. Je n'ai pu que parcourir rapidement les parties qui se rapportent à celles que j'ai traitées,

INTRODUCTION.

Pendant long-temps, les peintres préparèrent ou firent préparer sous leurs yeux les couleurs, les huiles et les vernis qu'ils employaient. Les élèves étaient chargés de ce soin : c'est par là que commençait leur apprentissage ; de sorte qu'avant de manier le pinceau, ils étaient déjà instruits de ce qu'il convient de faire pour rendre la peinture durable. Dans la suite, ces détails devinrent exclusivement l'occupation de marchands, qui songèrent bien plus à leur profit qu'à la conservation des tableaux. Les peintres, n'apprêtant plus eux-mêmes leurs couleurs, ne furent plus en état de distinguer les bonnes

---

et j'ai éprouvé une vive satisfaction en voyant que nous nous rencontrions sur les points les plus importans. M. *de Montabert* pense, ainsi que moi, que la conservation des tableaux de *Van-Eyck* et de ceux qui suivirent ses procédés est due à l'emploi d'un vernis. Il pense également que l'harmonie doit être basée sur les lois physiques de la colorisation. Je regarde comme un appui important l'opinion d'un artiste qui a autant approfondi toutes les parties de son art.

INTRODUCTION.

d'avec les mauvaises, et les employèrent sans choix, telles qu'ils les avaient achetées. Plusieurs même, par un esprit de parcimonie, donnèrent la préférence à celles qui leur coûtaient le moins.

Telles sont les principales causes auxquelles il faut attribuer la prompte altération de la plupart des tableaux du siècle dernier ; mais comme c'est à cette époque que l'art était parvenu dans notre École au degré le plus bas de sa décadence, ce ne serait pas pour les amis des arts un sujet de regret, si les tableaux de *Boucher* et de quelques autres peintres fort célèbres dans ce temps ne parvenaient pas à la fin de ce siècle.

A mesure que l'École s'est régénérée, les peintres se sont montrés plus soigneux, le commerce de la préparation des couleurs est devenu une spéculation très lucrative, le nombre des établissemens de ce genre s'est accru. Quelques uns de ceux qui les ont formés ont des notions de chimie; les autres, qui n'en ont aucune, sont tellement convaincus du secours qu'ils peuvent retirer de cette science, qu'ils la font étudier à ceux de leurs enfans qui doivent leur succéder dans leur profession : de sorte que la génération prochaine ne verra pas un marchand de couleurs en crédit, qui ne soit instruit en chimie autant que le sont nos pharmaciens.

L'objet principal de cet essai étant de rechercher quels ont été les procédés employés dans la peinture à l'huile depuis *Van-Eyck* jusqu'à nos jours, c'est par l'exposé de ces recherches que je dois commencer. Elles m'ont conduit à ce résultat, que les plus anciens peintres des Écoles flamande et vénitienne ne peignaient pas comme nous avec des huiles pures, telles que nous les employons, mais qu'ils détrempaient leurs couleurs avec des vernis auxquels on doit attribuer la conservation de leurs tableaux. Je dé-

INTRODUCTION.

crirai ensuite la préparation de différentes espèces de vernis, soit de ceux qu'on peut mêler avec les couleurs, soit de ceux qu'on applique sur les tableaux terminés, pour en faire ressortir la transparence et l'éclat, et pour les mettre à l'abri des vapeurs qui en attaqueraient les couleurs.

Je donnerai également les notions les plus exactes qu'il m'a été possible de me procurer sur les couleurs dont les peintres se servent, sur leur préparation, sur leur solidité, sur l'action qu'elles exercent entre elles dans leurs divers mélanges, sur l'altération que l'air et la lumière leur font subir, ainsi qu'aux substances grasses avec lesquelles elles sont unies.

Enfin j'indiquerai les précautions à prendre pour assurer la conservation des tableaux, et je décrirai les moyens à employer pour réparer les dommages qu'ils peuvent recevoir.

On aurait peut-être désiré qu'après

avoir décrit les divers procédés des anciens peintres, je désignasse ceux qui me paraissent préférables, je n'ai pas cru devoir le faire : les méthodes d'opérer dépendent en grande partie de la facilité d'exécution plus ou moins grande dont on est doué. *Rembrandt* avait besoin de revenir bien des fois sur son ouvrage ; il lui eût été impossible de peindre au premier coup comme *Rubens* : il faut donc que chacun choisisse la méthode d'exécution qui lui convient le mieux. Je me suis borné à expliquer ce qui a été fait sans prétendre donner de préceptes ; toutefois, à la suite d'un ouvrage dont l'objet spécial est relatif à la préparation et à l'emploi des couleurs, j'ai cru pouvoir placer un exposé de la théorie de la colorisation appliquée à l'harmonie. Sans l'harmonie, l'éclat et la transparence des couleurs ne peuvent produire un ensemble agréable aux yeux. Cette partie si intéressante de la peinture a jusqu'à présent été traitée

INTRODUCTION.

d'une manière tout à fait empirique ; j'ai pensé que le seul moyen d'en faire comprendre les principes était de leur donner pour base les lois de la colorisation établies par la nature.

Plusieurs personnes qui ont eu connaissance de mon travail m'avaient demandé d'y joindre quelques notions sur la fresque, je m'y suis d'abord refusé, parce que je n'ai sur ce genre de peinture aucune connaissance pratique. Toutefois, l'examen attentif des anciennes fresques et la lecture des premiers ouvrages qui en ont décrit les procédés, m'ayant fait découvrir la principale cause pour laquelle plusieurs des fresques exécutées depuis peu ressemblent plus à de la détrempe qu'aux belles fresques anciennes, je me suis déterminé à consacrer à cette peinture quelques pages, qui, je l'espère, ne seront pas sans utilité.

DE LA
PEINTURE A L'HUILE.

CHAPITRE PREMIER.

RECHERCHES SUR LES DIVERS PROCÉDÉS EMPLOYÉS DANS LA PEINTURE A L'HUILE, DEPUIS HUBERT ET JEAN VAN-EYCK JUSQU'A NOS JOURS.

L'opinion commune attribue à *Jean Van-Eyck* l'invention de la peinture à l'huile. Quelques savans ont soutenu qu'elle était pratiquée bien avant l'époque où ce peintre florissait; mais en supposant comme démontrée la vérité de leur assertion, on ne pourrait pas en conclure que *Van-Eyck* ait eu connaissance des essais faits avant lui, ni par conséquent lui ravir le mérite personnel attaché à cette importante découverte.

Ce qui est plus certain, c'est qu'au temps de *Van-Eyck* le perfectionnement des arts était arrivé à un degré tel, que la découverte de la peinture à l'huile était devenue en quelque sorte inévitable, et l'on pourrait plutôt s'étonner qu'elle n'ait pas eu lieu à la fois dans tous les pays où l'art était cultivé avec quelque succès (1).

Alors on peignait en détrempe, et on enduisait ensuite les tableaux avec un vernis qui avivait les couleurs et défendait la peinture des injures de l'air. L'idée d'incorporer le vernis dans la couleur même est trop naturelle pour qu'elle ne se soit pas présentée souvent à l'esprit, et probablement plusieurs peintres avaient déjà fait quelques tentatives pour la réaliser; mais pour réussir au point de faire prévaloir ce procédé de peinture sur celui de la détrempe, auquel on était habitué, il restait encore bien des difficultés à vaincre, et

_____

(1) Bien avant le XVe. siècle, presque toutes les couleurs que nous employons aujourd'hui étaient connues. On peignait sur verre; on fondait des émaux pour la mosaïque; on pouvait se procurer, par la voie du commerce, le bleu d'outre-mer, la laque de l'Inde et le vermillon de la Chine: d'ailleurs, on savait les préparer. *Cennino Cennini*, dans son *Traité de peinture*, composé en 1437, décrit un procédé qu'il donne comme un secret, pour extraire l'outremer du lapis lazuli. Il parle aussi des laques que l'on retirait de la résine-laque, ou que l'on préparait avec des tontures de laine. C'est aussi avec des tontures teintes en cramoisi que l'on fabriquait les laques dont *Nevi* a décrit la préparation dans son traité *del Arte Vetraria*. Enfin, depuis plusieurs siècles, les vernis étaient employés, et la

elles durent rebuter des artistes la plupart dépourvus des connaissances nécessaires pour les surmonter. Les vernis que l'on employait étaient huileux et extrêmement visqueux, il fallait les rendre assez fluides pour que les couleurs auxquelles ils devaient servir d'excipient fussent aussi maniables qu'elles le sont à la détrempe. D'ailleurs l'action des couleurs sur les huiles est très diverse; quelques unes, telles que le massicot, le blanc de plomb, la terre d'ombre, rendent les huiles plus siccatives; d'autres, telles que les laques, le charbon animal, les terres bitumineuses, produisent l'effet contraire. Il fallait donc parvenir à préparer les huiles de manière à ce que les couleurs fussent également maniables et séchassent toutes à peu près dans le même temps.

Van-Eyck satisfit à ces conditions, et s'il fallait (ce qui n'est pas dans mon opinion) lui contester l'honneur d'une première découverte (1),

---

découverte de la distillation avait procuré des huiles volatiles, avec lesquelles on pouvait délayer les vernis trop visqueux, et les rendre aussi fluides qu'on pouvait le désirer.

(1) Le D^r. *Raspe* fit imprimer à Londres, en 1781, une dissertation (*) pour prouver que l'on avait mal à

(*) *A critical Essay on oil painting*, London, 1781.

on ne pourrait du moins lui refuser le mérite d'avoir porté la préparation et l'emploi des couleurs

---

propos attribué la découverte de la peinture à l'huile aux frères *Hubert* et *Jean Van-Eyck*. A l'appui de son opinion, l'auteur produisit un manuscrit latin, jusque-là inédit, intitulé *de Arte pingendi*. Ce Traité, composé, vers le Xe. ou le XIe. siècle, par un moine nommé *Théophile*, fut publié par le savant anglais comme devant prouver incontestablement que, dès une époque très réculée, on peignait des *tableaux* à l'huile. J'ai lu ce Traité avec la plus grande attention, et loin d'y trouver aucune preuve en faveur de l'opinion du D^r. *Raspe*, j'en ai trouvé pour la combattre.

Théophile décrit bien la préparation de l'huile de lin et celle d'un vernis fait avec cette huile et une résine qui paraît être le copal. Il enseigne comment il faut peindre les murs, les boiseries, les statues même ; mais, dans aucun endroit, il ne conseille d'employer la peinture à l'huile pour les *tableaux*. Il y a plus, après avoir recommandé de ne pas appliquer de nouvelles couches de couleurs avant que les premières ne soient complétement sèches, il ajoute que *cela serait trop long et trop ennuyeux dans la peinture des tableaux*. (*Quod in imaginibus diuturnum et tædiosum nimiùm est.*)

Si le D^r. *Raspe* avait eu connaissance du manuscrit de *Cennino Cennini*, publié il a peu d'années, il eût sans doute regardé comme une nouvelle preuve sans réplique ce que l'on trouve dans le chapitre 89 et les suivans, consacrés par l'auteur italien à la description des procédés de la à un point de perfection que l'on n'a jamais dépassé, et auquel même, malgré le progrès des

---

peinture à l'huile sur les murs et sur les *panneaux*, procédés qu'il assure être fort en usage en Allemagne. (*Che l'usano molto i Tedeschi.*)

Cependant ces passages n'établissent pas de meilleures preuves que ceux du Traité de *Théophile;* car les frères *Van-Eyck* peignaient à l'huile plus de dix années avant 1437, époque à laquelle *Cennino Cennini* termina son Traité.

Hubert Van-Eyck mourut en 1426, laissant imparfaits les tableaux à l'huile qu'il avait entrepris pour décorer une chapelle de l'église de Saint-Jean à Gand. Ces tableaux furent achevés par son frère, et terminés en 1432. L'un de ces tableaux, représentant l'agneau de l'*Apocalypse*, faisait partie de la collection du Musée, avant 1815.

Il est impossible que *Cennino* n'eût pas entendu parler des tableaux peints à l'huile par des Flamands, que probablement il confondait avec les Allemands. Ne connaissant pas leur procédé, mais seulement celui de la peinture à l'huile employée dans la décoration, il décrivit le procédé de ce genre de peinture absolument comme *Théophile* l'avait décrit depuis plusieurs siècles auparavant, et comme on le pratiquait de son temps pour peindre les murs, les boiseries et les ouvrages de sculpture. Il prescrit de faire réduire à moitié l'huile de lin, en la faisant bouillir ou l'exposant long-temps au soleil. C'est avec cette huile visqueuse, seulement, qu'il fait détremper les couleurs, sans donner aucun moyen pour les rendre plus coulantes, et sciences, on est à peine arrivé de nos jours. Ses tableaux sont en effet beaucoup mieux conservés que ceux qui furent peints deux siècles après lui.

Les historiens qui nous ont transmis quelques notions sur la vie de *Van-Eyck* supposent qu'il fut poussé par un motif personnel à chercher un nouveau procédé de peinture. Le vernis dont il recouvrait ses tableaux ne séchait, disent-ils, qu'à l'ardeur du soleil. Ils racontent que, dans cette opération, le panneau d'un de ses tableaux se fendit par l'effet de la chaleur, et que cet accident porta *Van-Eyck* à chercher un moyen qui ne l'exposât plus à perdre en un instant le fruit d'un long travail.

On peut révoquer en doute cette anecdote; mais ce qui est plus certain, c'est que l'imperfection du procédé de la détrempe était pour *Van-Eyck* un motif suffisant de faire les recherches qu'on lui

---

pour faciliter la dessiccation de celles qui ne sèchent pas. Enfin il conseille de mettre les teintes dans de petits pots de terre vernie, comme on le pratiquait pour la fresque. Il est évident que *Cennino* n'avait jamais exécuté le procédé qu'il décrivait (*).

(*) Voyez, dans le journal de Gand, *Messager des Sciences et des Arts*, plusieurs articles insérés dans les cahiers de novembre 1823, juillet, août et septembre 1824.

attribue. Cet artiste possédait à un très haut degré le talent de l'imitation ; le seul besoin de diminuer les difficultés de la manutention, ou d'accroître les ressources de l'art, suffisait pour lui inspirer le désir de trouver un nouvel excipient avec lequel les couleurs conservassent, étant devenues sèches, la transparence et le brillant qu'elles ont au moment de leur application et, de plus, dont la dessiccation lente laissât à l'artiste le temps nécessaire pour fondre les teintes entre elles, et imiter la dégradation insensible que la nature présente d'une nuance à l'autre dans les effets du clair-obscur.

Ainsi donc, comme je l'ai déjà fait observer, l'idée d'incorporer le vernis avec la couleur étant la plus simple, on doit supposer qu'elle se présenta la première à l'esprit de *Van-Eyck*. L'objet de ses recherches n'eût été qu'imparfaitement rempli, si ses couleurs, préparées comme les nôtres, également susceptibles de s'emboire, eussent exigé l'application ultérieure d'un vernis pour en faire ressortir la transparence et l'éclat.

Quelque probable que cette supposition paraisse, ce n'est pas sur une pareille base que mon opinion pouvait s'établir : elle est le résultat d'un examen approfondi des anciennes peintures à l'huile. Cet examen, entrepris pour connaître les procédés primitifs, m'a démontré que, dans les tableaux de *Van-Eyck* et des peintres qui suivirent sa méthode, les couleurs n'ont pas été délayées simplement avec une huile plus ou moins siccative; mais qu'on y mêlait des vernis auxquels on doit attribuer l'étonnante conservation de plusieurs des plus anciennes peintures dont l'éclat surpasse celui de la plupart de celles du siècle dernier.

Après avoir formé mon opinion d'après mes observations sur les anciens tableaux, j'en ai cherché la confirmation dans les auteurs des différens traités de peinture, et, dans cette intention, j'ai lu *Léonard de Vinci*, *Paul Lomazzo*, *Vasari*, *Gérard de Lairesse*, et même les deux plus anciens écrivains que nous connaissions, *Cennino Cennini* et *Théophile*. J'espérais trouver dans ces ouvrages des renseignemens précis sur la préparation et l'emploi des couleurs, mon attente n'a pas été satisfaite à mon gré; cependant elle n'a pas été entièrement déçue. Je vais rapporter les témoignages que j'ai pu recueillir.

On raconte que *Jules second*, qui avait appelé *Léonard de Vinci* pour décorer quelques salles du Vatican, eut, un jour, la curiosité d'entrer en l'absence du peintre dans la pièce qui lui servait d'atelier. Là, au lieu d'esquisses et de cartons que le pape s'attendait à trouver, il n'aperçut que quelques appareils et ustensiles de chimie qu'il crut destinés à la préparation des vernis. *Celui-ci*, dit Jules, *commence par où les autres finissent.*

Un artiste anglais, M. *Timothée Sheldrake*, cite ce passage dans un mémoire sur les avantages de l'emploi du vernis dans la peinture, et croit y trouver la preuve que *Léonard de Vinci* mêlait habituellement du vernis dans ses couleurs.

Il ne faut pas être difficile en fait de preuves pour admettre comme telles un témoignage aussi vague. Les appareils de chimie que le pape jugea destinés à la préparation du vernis pouvaient servir, soit à celle des huiles siccatives, soit à la rectification de l'huile volatile de térébenthine, opération que les peintres étaient probablement obligés de faire eux-mêmes, à une époque où la fabrication des objets nécessaires à l'exercice de leur art ne formait point, comme de nos jours, une branche d'industrie lucrative.

Dans son *Traité de peinture*, Léonard de Vinci ne fait mention de l'emploi du vernis qu'à l'occasion de l'*acétate de cuivre* (du *verdet*); il fait observer que cette couleur, étant un sel soluble, elle se dissoudrait dans l'eau lorsqu'on laverait le tableau. C'est pourquoi il conseille de la couvrir d'une couche de vernis aussitôt qu'elle est sèche.

Dans un autre endroit, il propose, pour vernir un tableau d'une manière inaltérable, de le coller à une glace avec un vernis gras composé d'ambre et d'huile de noix, ou seulement d'huile de noix épaissie au soleil.

Dans ces passages, rien ne démontre que *Léonard de Vinci* mêlât habituellement du vernis dans ses couleurs; mais l'un des plus anciens auteurs qui ait décrit les procédés techniques de la peinture, *Armenini*, de Faenza, qui écrivait vers le milieu du XVI°. siècle, ne laisse aucun doute sur l'emploi du vernis. Il conseille positivement d'en mêler dans les couleurs dont on se sert pour glacer, et même dans celles de l'impression. Voici comment il s'exprime :

« Lorsque l'ébauche est finie et sèche, on
» commence à repeindre et à travailler chaque
» partie avec plus de précision en employant les
» couleurs les plus belles et les mieux broyées, et
» ne faisant les teintes qu'à mesure que l'on
» peint, parce que cette fois on glace plutôt qu'on
» n'empâte les chairs, qui d'ailleurs sont déjà
» amenées à un certain degré de fini....; et pour
» faciliter l'exécution, il faut d'abord enduire la
» partie que l'on va repeindre, en la frottant avec

» les doigts trempés dans de l'huile de noix cla-
» rifiée. On étend cette huile bien également avec
» la paume de la main, ensuite on l'essuie avec
» un linge propre, parce que, lorsqu'on ne l'a
» pas enlevée, les couleurs jaunissent avec le
» temps. Cette préparation facilite beaucoup le
» travail, en ce que les teintes coulent et s'appli-
» quent sans que le dessous les refuse : de sorte
» que les choses les plus difficiles peuvent s'exé-
» cuter sans peine. Les peintres habiles n'em-
» ploient alors que peu de couleurs, et, comme
» on l'a dit, glaçant plutôt légèrement qu'en em-
» pâtant. Ils obtiennent ainsi beaucoup de dou-
» ceur et de moelleux dans les chairs et dans les
» draperies....

» Mais je reviens aux draperies que l'on glace
» ordinairement, bien que les peintres habiles
» dédaignent ce moyen, parce qu'ils ne peuvent
» supporter de voir les étoffes partout d'une teinte
» uniforme....

» S'il s'agit d'une draperie verte, le procédé
» dont nous avons déjà parlé s'exécute ainsi.
» Après qu'on a ébauché avec du vert, du noir
» et du blanc, de manière qu'il y ait un excès de
» fermeté, que la draperie soit un peu crue, on
» mêle un peu de vernis commun et de laque
» jaune avec du verdet, et avec ce mélange on

» glace le tout avec un gros pinceau de *vair* (pe-
» tit-gris)....

» .... Si c'est une draperie de laque, on suit
» le même procédé en mêlant du vernis à la laque,
» et on doit en mêler de même avec toutes les cou-
» leurs lorsqu'on veut glacer (1). »

---

(1) Ma finite che sono tutte le bozze e quelle rasciute.....
s'incomincia di nuovo poi con far più da senno con finissimi
colori lavorando ogni cosa, e tutta via di quelli facendo le
mestiche mentre si lavora à poco à poco : perciocchè questa
volta più presto si vela che si coprano le cose, le quali sono
già condotte bene al segno e specialmente le carni.......
e perché egli vi riesca bene si deve prima ungere quel
luogo, quando ricuoprir si vuole, con oglio di noce che
sia ben chiaro, sottile, nel quale se li bagna dentro
due dita e di subito si pone sù quel luogo, e calcavisi la
pianta della mano col spargerlo ugualmente per quello
spazio; il che fatto si netta con pezzette di panno lino,
perchè quando riman mal netto s'ingialliscon i colori con
tempo; e questo porge tal ajuto che egli fa scorrere sottilmente ogni tinta, o mestica che se li pon sopra senza
schiffar punto, sicchè ogni cosa difficile con facilità si es-
prime. Quivi gli esperti adoperano le loro mestiche con
gran sparmio, anzi (come si è detto) non coprendo
ma velando sottilmente quel che è sotto, ne fan rimaner
dolcissime e morbide le carni e i panni. . . . .

Ma ritorno a i panni che à velare si usano, se bene i valenti ciò sprezzano perchè troppo gli offende il vederli di
un color solo, noudimmo non li vogliamo losciar indietro.

Armenini décrit ensuite diverses préparations de vernis.

L'emploi du vernis est également indiqué par *Gérard de Lairesse* dans son *Traité de peinture*. Au chapitre où il explique comment on doit procéder pour peindre *à fond* un tableau ébauché, il dit expressément que la partie sur laquelle on veut repeindre doit être enduite d'abord d'une couche légère, d'un mélange de vernis au mastic et d'huile visqueuse blanchie au soleil.

Si l'on ne trouve pas plus de détails dans les premiers auteurs qui ont écrit sur la partie technique de la peinture, il faut s'en prendre aux modifications que le procédé dut recevoir au moment même qu'il commença à être mis en usage. Comme il ne fut connu d'abord que d'un petit nombre d'artistes qui dûrent en faire un secret, ceux qui n'avaient pu en obtenir la communica-

---

Se il panno si ha da far verde, il modo predetto sarà che dopo che con verde negro e bianco si sarà bozzato, che sia alquanto crudetto, si giunge poi con verderame un poco di vernice commune e di giallo santo, e così accompagnato si vien velando tutto ugualmente con un penello grosso di vajo....... ma se sarà di lacca, si tien con quello il medesimo stile, mettendovi dentro della predetta vernice: e così si dee fare d'ogni altro quando si è per velarli.

cation cherchèrent à le deviner, et il faut convenir qu'ils avaient beaucoup de données pour trouver la solution du problème. Depuis plusieurs siècles, on peignait à l'huile les murs, les boiseries et même les statues; on connaissait la composition des vernis huileux : la distillation avait procuré des huiles volatiles à l'aide desquelles on pouvait rendre fluides les huiles trop visqueuses. Il ne restait donc plus à trouver que le moyen de rendre les huiles plus siccatives pour balancer l'effet de certaines couleurs qui les empêchent de sécher. On dut s'en tenir là; et même, en acquérant dans la suite la connaissance des procédés de *Van-Eyck*, on dut se persuader qu'on les avait simplifiés.

Pour retrouver le procédé primitif, la voie la plus sûre est évidemment d'examiner avec attention les plus anciens tableaux, et d'interroger les hommes qui s'occupent habituellement de les restaurer; on apprendra d'eux que les couleurs des tableaux appartenant à la première époque de la peinture à l'huile sont, en général, d'une pâte plus dure que celle des tableaux d'une date plus récente; qu'elles résistent davantage aux dissolvans; que si on les entame avec un grattoir, elles se montrent luisantes à l'intérieur, ainsi que la peinture au vernis. Rien n'est plus facile que de vérifier ces observations, et quand on n'aura plus aucun doute sur leur exactitude, il faudra bien en conclure que les couleurs de ces tableaux n'ont pas été détrempées seulement avec des huiles pures comme les nôtres, mais encore avec des vernis, dont quelques uns devaient être de l'espèce des vernis gras.

Presque tous les tableaux du commencement et même de la fin du XVIe. siècle sont peints sur bois. Les panneaux sont couverts d'une couche bien unie de *plâtre éteint* broyé avec de la colle animale : c'était le même apprêt dont se servaient les doreurs (1). On appliquait ensuite sur cette impression une couche d'huile cuite; sans cette précaution, les couleurs, quoique très liquides, se seraient embues aussitôt qu'elles auraient été appliquées, et il eût été difficile de les étendre au pinceau.

On voit à Florence un tableau de *Léonard de Vinci*, et un autre de *Frà-Bartolomeo*, qui ne sont qu'ébauchés; ils sont dessinés au trait avec le pinceau, puis lavés et ombrés comme un dessin au bistre, avec une couleur brune, que l'on reconnaît pour être du bitume.

---

(1) Voyez le chapitre V, *De la préparation des panneaux et des toiles.*

La méthode d'ébaucher par une espèce de lavis d'une seule teinte fut, je n'en doute pas, celle de *Van-Eyck*; elle fut suivie constamment par les chefs de l'École romaine et florentine, par *Le Perugin* et *Raphaël*, par *Léonard de Vinci* et *Frà-Bartolomeo*; elle le fut surtout par les peintres de l'École des Pays-Bas, où le procédé primitif dut se conserver plus long-temps.

Cette méthode, qui habitue l'œil à la transparence, et semble, par cette raison, convenir plus particulièrement aux coloristes, ne fut pas cependant pratiquée dans l'École vénitienne, si ce n'est peut-être par les premiers, qui commencèrent à peindre à l'huile.

Le Titien, et ceux qui le suivirent, ébauchèrent à pleine pâte; ils avaient sans doute éprouvé qu'on arrive au même résultat de transparence en terminant par des glacis. De plus, ce procédé leur procurait l'avantage de faire à l'ébauche tous les changemens qui leur venaient à l'esprit. *Le Corrége* et les peintres de son école ébauchèrent aussi en pleine pâte et souvent en grisaille.

Ceux qui suivirent cette méthode devaient être plus indifférens sur le choix des fonds sur lesquels ils peignaient. Il y a quelques tableaux du *Titien* exécutés sur un fond rouge; cependant ils sont généralement sur des fonds en détrempe préparés avec du plâtre éteint et de la colle.

Les glacis furent sans doute pratiqués dès l'origine de la peinture. Aussitôt que l'on commença à employer des couleurs, on dut s'apercevoir que les plus intenses, appliquées en couches minces sur les plus claires, donnent une nouvelle série de teintes qui ne peuvent être produites par aucun mélange opaque. On glaçait déjà dans la peinture en détrempe; l'application des glacis fut bien plus facile quand on peignit à l'huile, puisqu'on ne risque plus de détremper la couche de couleur que l'on recouvre.

Les glacis, dont les Flamands et les Vénitiens tirèrent un si grand parti, sont encore une preuve de l'emploi qu'ils faisaient du vernis dans leurs couleurs. Ces glacis, remarquables par l'égalité de leur teinte, ne se reconnaissent souvent qu'à leur transparence et en y regardant de très près. Il serait impossible d'obtenir le même effet avec des couleurs délayées dans nos huiles siccatives.

Le Titien, *Frà-Bartolomeo* et *Le Corrége* sont, de tous les peintres, ceux qui ont fait le plus d'usage des glacis. Je ne connais pas un tableau du *Titien* qui ne soit glacé d'un bout à l'autre, même dans les parties les plus claires; et si, dans quelques endroits, on n'aperçoit pas les glacis, on verra, en y regardant de près, qu'ils ont été enlevés dans les nettoyages.

Cependant on ne dut pas tarder à s'apercevoir des inconvéniens résultans de l'emploi excessif des glacis ou de leur mauvaise exécution. Des tableaux très brillans, au moment où ils sortaient des mains du peintre, dûrent être très altérés au bout de peu d'années. Cette observation ne fut pas perdue pour les coloristes du second âge : ils ne glacèrent plus que les parties qui, par leur couleur ou leur ton propre, n'ont rien à craindre de la teinte plus ou moins bistrée à laquelle elles parviennent avec le temps.

Ainsi que *Le Titien*, *Paul Véronèse* ébauchait dans la pâte, et très souvent il peignit sur des toiles imprimées en détrempe : il ébauchait alors avec des couleurs à l'eau.

Ce procédé très expéditif, et qui dut être le passage de la détrempe à la peinture à l'huile, est décrit par *Léonard de Vinci*. J'ai vu plusieurs tableaux exécutés de cette manière, lesquels appartiennent évidemment à l'époque où l'on commençait à abandonner la détrempe. Je suis étonné que personne, dans notre École, n'ait essayé de ce procédé. Je ferai connaître les avantages qu'on peut en retirer.

Si les procédés de *Van-Eyck* devaient se

conserver quelque part sans altération, c'était dans l'école dont il était le fondateur. *Otto Venius* les suivait encore deux siècles après lui. Ce dernier les transmit à *Rubens*, qui les pratiqua sans y rien changer ; du moins les tableaux de l'un et de l'autre offrent-ils la même transparence et les mêmes teintes, disposées dans le même ordre. La prodigieuse supériorité d'exécution de l'élève ne tient qu'au génie qui guidait sa main.

Rubens peignit le plus souvent sur des panneaux préparés à la détrempe, comme ceux des anciens peintres italiens; quelquefois aussi, mais plus rarement, sur des toiles imprimées à l'huile en gris clair : tels sont les tableaux du Luxembourg.

On a conservé un grand nombre d'esquisses de ce maître, dans lesquelles on peut voir distinctement ses procédés.

Les figures, dessinées d'abord à la mine de plomb, sont ensuite retracées au pinceau, et la composition est mise à l'effet avec un lavis de couleur brune, tel qu'on le voit dans les tableaux ébauchés de *Léonard de Vinci* et de *Frà-Bartolomeo*, que j'ai cités plus haut.

Les traits, formés au pinceau, sont très déliés et en même temps nourris de couleur.

Leur prolongement continu prouve que le pinceau a coulé librement sur la surface du panneau. Les sillons formés par la brosse ne sont point effacés, et des touches épaisses de couleurs transparentes sont demeurées en place, malgré leur extrême liquidité.

Sans doute, il nous est facile de faire couler librement notre pinceau sur une surface unie enduite d'une légère couche d'huile, et nous pouvons tracer dessus des traits déliés; mais à peine sont-ils formés, que leur netteté disparaît. Si nous employons des couleurs transparentes un peu liquides, elles ne se maintiennent pas un instant telles que nous les avons appliquées. L'huile s'en sépare, et en peu de temps les traits sont plus ou moins brouillés.

Rubens a peint souvent, au premier coup, sur des panneaux extrêmement lisses. Il mettait peu de couleur dans les ombres et même dans les demi-teintes; c'est seulement dans les lumières qu'on voit des touches empâtées.

Que l'on essaie avec nos couleurs de peindre au premier coup sur de pareils fonds, et l'on sera bientôt arrêté par une difficulté insurmontable : la couleur glissera sur une surface trop unie pour qu'elle puisse y adhérer; une seconde touche enlèvera la première, et l'on reconnaîtra bientôt la nécessité de commencer par faire une légère ébauche, pour substituer à la surface trop lisse une surface un peu grenue, qui arrête la couleur.

Si, pour expliquer ces différences matérielles, on suppose que *Rubens* se servait de pinceaux extrêmement doux, et par cette raison plus propres à fondre les couleurs sans les enlever de leur place, on n'expliquera pas cet effet si remarquable, que l'huile ne se sépare jamais de la couleur la plus liquide. Il faut donc admettre que *Rubens* ne peignait pas avec des couleurs préparées comme les nôtres, mais qu'il enduisait la surface de son panneau avec une matière onctueuse, laquelle devait être assez liquide pour ne pas arrêter le mouvement du pinceau, assez visqueuse pour happer la couleur et la faire adhérer, et en même temps assez grasse pour arrêter la tendance de certaines couleurs à s'étendre au delà de la place où elles sont appliquées.

J'ai dit que *Rubens* conserva sans altération les procédés d'exécution qu'il tenait de son maître : cependant, lorsqu'il fut en Italie, il adopta la manière du *Caravage*, peignant, comme lui, toutes les parties de son tableau à pleine pâte, et ne glaçant ensuite que les ombres, les fonds obscurs et les draperies; mais de retour dans sa patrie, il ne tarda pas à reprendre la manière transparente de son maître.

Jacques Jordaens n'avait pas commencé la peinture sous *Rubens*, et il n'ébauchait pas, ainsi que lui, avec des lavis; mais la pâte de sa couleur est trop brillante, trop transparente, indépendamment de toute opposition, pour qu'on puisse douter qu'elle ne contienne du vernis.

Van-Dyck, qui d'abord avait suivi la manière de *Rubens*, qui même avait adopté ses teintes de cinabre portées à l'exagération, changea en Italie ses procédés et son coloris. Il peignit dans la pâte comme *Le Titien*, mais il fut plus réservé dans l'emploi des glacis (1).

Après avoir, ainsi que son maître, fait abus du vermillon, il fut ramené à des teintes moins brillantes et plus vraies, sans doute, parce que, faisant beaucoup de portraits, il eut plus souvent la nature sous les yeux. Comme il s'était un peu occupé de chimie, la connaissance qu'il avait des élémens du cinabre lui fit présumer que cette couleur ne pouvait pas avoir de soli-

---

(1) Je me rappelle avoir vu à Rome, au palais Altieri, un tableau de *Van-Dyck*, dans lequel on voyait distinctement la transition de l'élève de *Rubens*, abandonnant la manière de son maître pour suivre celle de *Titien*.

dité. Il s'en servait peu, et il est probable qu'il recommandait à ses élèves de n'en employer que le moins possible, les assurant que l'on peut trouver dans les dégradations du brun rouge les teintes brillantes des plus belles carnations. *Pierre Tyssens*, un des plus habiles peintres de son école, ne se servit jamais de cinabre, et un élève de celui-ci outra tellement le conseil du maître, que ses tableaux ne sont que des grisailles.

En apparence, rien n'est plus éloigné des procédés de *Van-Eyck* que ceux de *Rembrandt*; cependant il les suivit dans ses premiers ouvrages : mais bientôt la vivacité et la mobilité de son imagination les lui firent abandonner, au point de ne plus attacher aucune importance à l'exécution. L'impatience de réaliser les effets qu'il concevait l'empêchait de prendre aucune précaution dans l'application de sa couleur. Tout ce qui se trouvait au bout de sa brosse était employé, de sorte qu'il substituait souvent des teintes sales et opaques à des teintes brillantes et transparentes; mais il avait trop le sentiment de la couleur pour que son œil pût les supporter long-temps, et son premier soin, en se remettant à son chevalet, était, je n'en doute pas, de rétablir par des glacis la transparence perdue.

On peut s'étonner de voir sortir d'une école où l'exécution était comptée pour rien un artiste qui l'ait considérée comme une partie essentielle. Les élèves adoptent de préférence la dernière manière de leur maître, toujours moins soignée que la première. Sous ce rapport, *Gérard Dow* semble être une exception qu'on n'expliquerait pas suffisamment par le caractère extrêmement patient de cet artiste et le peu d'activité de son imagination. Toutefois l'étonnement doit diminuer, si l'on considère, d'après l'époque de la naissance de *Gérard Dow*, que ce peintre dut entrer dans l'atelier de *Rembrandt* lorsque celui-ci ne faisait que commencer à devenir célèbre; et ses premiers ouvrages sont exécutés avec un soin remarquable.

Il est dans la destinée des arts que leur décadence commence immédiatement après qu'ils ont atteint la perfection. Cette destinée s'accomplissait en Italie lorsque le principal fondateur de notre École, *Simon Vouet*, vint y étudier les grands maîtres. La tradition de leurs leçons y était déjà perdue, ou du moins corrompue à tel point, que ceux qui avaient sous les yeux les chefs-d'œuvre du *Titien*, de *Raphaël* et du *Corrége* prodiguaient des applaudissemens à *Joseph d'Arpin*.

La plus grande partie des tableaux qui se faisaient alors était à fresque, et tout, dans ce genre de peinture, s'exécute de mémoire, d'après des dessins plus ou moins arrêtés. Il en résulta que les artistes contractèrent l'habitude de ne pas exécuter autrement leurs tableaux de chevalet qu'ils auraient pu peindre d'après nature.

Dès lors chaque peintre adopta, sans s'en apercevoir, certaines formes et certaines teintes qu'il reproduisait toujours, de sorte que toutes ses figures semblaient faites d'après le même modèle.

Telles furent les circonstances dans lesquelles *Vouet* fit son éducation : on conçoit qu'elle dut avoir une grande influence sur notre École. Quoique son style ait plus d'élégance que d'élévation, *Vouet* traitait l'histoire plus convenablement que plusieurs de ses contemporains, qui jouissaient en Italie d'une grande célébrité. Il n'était pas coloriste : la nombreuse école dont il fut le chef ne devait donc pas se distinguer par une qualité qu'il n'avait pas. Nos peintres d'histoire peignirent constamment d'après des dessins. Les peintres de portraits, d'animaux, de scènes familières furent les seuls qui travaillèrent d'après nature, et c'est aussi dans cette classe seulement que nous comptons quelques coloristes. Si l'on citait, contre cette assertion, *Blanchard, Philippe de Champagne* et *La Fosse*, je répondrais que le premier avait étudié long-temps à Venise; que le second, élevé dans l'École flamande, s'était formé sous des maîtres qui devaient avoir conservé la tradition des procédés de *Rubens*, et enfin que *La Fosse* est encore fort loin des grands coloristes. Il est probable cependant qu'il eût porté à un haut degré de perfection la plus séduisante partie de la peinture, si les circonstances l'eussent conduit comme *Rigaud* et *Largillère* à peindre le portrait, ou, comme *Desportes*, les animaux, ou, comme *Vander-Meulen*, le paysage, ou enfin, comme *Watteau*, des scènes familières. Il eût égalé les Vénitiens et les Flamands, dont il connaissait parfaitement les procédés, s'il eût été obligé d'en faire continuellement l'application d'après nature.

C'est donc particulièrement à l'usage établi dans notre École de peindre d'après des dessins, qu'il faut attribuer le peu de succès de nos peintres d'histoire dans la couleur. *Le Brun* n'ignorait pas les procédés des coloristes; il savait augmenter par des glacis l'éclat et la transparence des couleurs : ses tableaux offrent en quelques endroits de belles teintes, et il me paraît hors de doute qu'il eût pu prendre place parmi les coloristes, s'il eût peint d'après nature.

Quand une fois on a cessé de prendre la nature

pour modèle, l'art suit avec une effrayante rapidité la pente qui l'entraîne vers sa décadence, et il arrive bientôt un moment où une imitation naïve est regardée comme incompatible avec le génie. Alors, pour obtenir des succès, on représente des courbes avec des lignes brisées, des surfaces unies avec des touches heurtées; et l'exécution est réputée d'autant plus savante qu'elle paraît s'éloigner davantage de la vérité. Je n'exagère point : *Cochin*, dans un éloge qu'il a fait des tableaux de *Chardin*, en vante surtout l'exécution, en disant que la peinture étant un art, cet art est porté d'autant plus loin que les moyens de l'artiste paraissent plus détournés de leur but.

Telle était la doctrine professée dans notre École lorsque *Greuze* parut. Formé par *Restout*, qui enseignait dogmatiquement à ses élèves qu'une sphère doit être représentée comme un polyèdre, il adopta implicitement ce précepte, et en conserva tellement l'impression, que toute sa vie il considéra comme un corps taillé à facettes les joues potelées d'une jeune fille ou d'un enfant; cependant il a prouvé qu'avec une constance imperturbable et en ne perdant jamais de vue le point que l'on veut atteindre, on y parvient, quelques détours que l'on fasse. On conçoit en effet la possibilité de former une sphère avec un cube, en tronquant indéfiniment ses angles; mais cette voie n'est assurément pas la plus courte.

Dans la science du coloris, *Greuze* surpassa de beaucoup ses compagnons d'étude; il est même un de ceux qui ont particulièrement contribué à la régénération de l'École, en ramenant l'étude de l'art à son vrai principe, à l'imitation précise de la nature.

Je tiens les détails suivans sur ses procédés, de quelqu'un qui a été à même de les bien connaître.

Il ébauchait une tête toujours à pleine pâte; lorsqu'il voulait repeindre sur cette ébauche, il commençait par la glacer en entier, et la mettait à l'effet avec des couleurs transparentes délayées dans une pâte onctueuse, à l'aide de laquelle sa peinture séchait sans s'emboire. Après cette préparation, qu'il exécutait assez rapidement, il repeignait sa tête en entier, en commençant par établir les lumières et arrivant progressivement jusqu'aux ombres. Comme il manquait de facilité, il ne parvenait pas à terminer dans cette seconde opération; ce n'était encore qu'une ébauche plus avancée : quelquefois même son travail n'était supportable qu'après plusieurs séances. Enfin, en suivant toujours la même manière d'opérer, il parvenait à produire un ouvrage dans lequel on admirait la couleur, sans apercevoir en aucun endroit la fatigue du travail.

Reynolds, contemporain de *Greuze*, fut le plus grand coloriste de son temps, et l'influence de son talent a donné une École à l'Angleterre. Une étude approfondie des tableaux de *Rubens*, de *Rembrandt*, du *Titien* lui fit découvrir les procédés de leurs auteurs et détermina son système d'exécution.

Il ébauchait souvent comme les Vénitiens, à pleine pâte et même en grisaille. Il colorait ensuite son tableau et le mettait à l'effet avec des glacis; après cela, il le retravaillait dans la pâte, et terminait toujours par des glacis. C'est ainsi que j'ai vu opérer un de ses élèves en Italie; et sous le rapport du coloris, les résultats de ce procédé étaient on ne peut pas plus séduisans.

Il peignait avec du vernis; il en a essayé de bien des sortes, et malheureusement il n'a laissé aucune note sur ses essais. Ses tableaux, pour la plupart, étaient éblouissans de couleur au moment où ils sortaient de ses mains, mais plusieurs ont perdu leur éclat, même en peu de temps. Quelques uns sont devenus gris lorsque les glacis ont été en partie absorbés par les couches de pâte qu'ils recouvraient, et en partie décolorés par l'action de la lumière; d'autres se sont bistrés par suite de la mauvaise préparation des vernis et des huiles.

Il a souvent, ainsi que *Paul Véronèse*, peint sur des impressions en détrempe. On voit à Paris (1) un de ses plus beaux portraits peint sur un pareil fond. Derrière la toile, à l'endroit qui correspond à la tête, il y a une couche de blanc à colle qui n'a pu être appliquée que pour absorber l'excès d'huile qui devait se trouver dans cette tête, repeinte plusieurs fois sans donner à chaque couche le temps de sécher complétement.

Mengs employait aussi un mélange de vernis dans ses couleurs, et l'on m'a assuré que son procédé est encore assez généralement suivi à Dresde.

Je pourrais citer, parmi les peintres modernes, d'autres exemples des avantages qu'on peut retirer de l'emploi du vernis dans les couleurs; mais je reviens aux anciens qui ont suivi le procédé de *Van-Eyck*, et j'ajouterai que, par l'examen attentif des tableaux appartenant à la première époque de la peinture à l'huile, on pourra se convaincre que quelques Italiens ont employé des vernis huileux plus durs que ceux dont les Fla-

---

(1) Chez M. le prince *de Broglie*. Ce portrait représente le général *Gramby*.

mands faisaient usage, car ils résistent davantage à l'action des réactifs (1).

Nous trouvons dans *Théophile* et dans *Armenini* des documens sur la préparation des vernis; le premier surtout a décrit fort en détail la préparation d'un vernis dur excellent, que l'on a dû employer dans les premiers temps, puisqu'il était connu plusieurs siècles avant l'époque à laquelle on abandonna la détrempe.

Mais quand nous n'aurions point ces renseignemens, le point essentiel est de savoir qu'on mêlait du vernis dans les couleurs. Nos connaissances en chimie, et les progrès faits depuis quelques années dans la préparation des vernis, nous autorisent à croire qu'on peut en composer d'aussi bons qu'aucun de ceux dont on se soit jamais servi.

Ceux que l'on emploie aujourd'hui et que l'on applique sur les tableaux, ou sur toute espèce de peinture, ne sont pas préparés de manière qu'on puisse les mêler sans inconvénient dans les cou-

---

(1) J'ai eu occasion de voir de près le tableau de *Giorgione*, qui est au Musée, sous le n°. 1011. La peinture, ridée en plusieurs endroits, prouve que l'auteur a employé un vernis huileux; car c'est l'effet constant de l'huile de se rider en séchant.

leurs : comme ils doivent leur fluidité à l'huile essentielle de térébenthine, qui s'évapore promptement, les couleurs deviendraient en peu de temps tellement visqueuses, qu'elles ne céderaient plus au mouvement de la brosse. Les vernis destinés à être incorporés dans les couleurs ne doivent pas sécher plus promptement que l'huile avec laquelle elles sont broyées, et, loin d'ajouter quelques difficultés de plus à l'exécution, il faut au contraire qu'ils la rendent plus facile.

Ces conditions se trouvent remplies en partie par une préparation emplastique, dont on m'a très gratuitement attribué la découverte, que j'ai trouvée en usage en Italie, et dont on ne connaissait pas l'origine; ce qui me fait présumer qu'elle est fort ancienne.

Elle ressemble à du miel ou à de la graisse à demi figée, et porte le nom d'*oglio cotto* (huile cuite). C'est en effet de l'huile de noix cuite à un feu très doux, et tenant en dissolution la plus grande proportion de litharge avec laquelle elle puisse se combiner.

Pour se servir de cette préparation, on commence par la délayer dans un peu de vernis ordinaire. Il résulte de ce mélange une espèce de pommade qui réunit la plupart des qualités désirables dans un vernis propre à être incorporé avec les couleurs.

Ce vernis s'étend sous le pinceau comme l'huile, et cependant on peut le tenir sur la palette avec les couleurs; il s'y maintient comme elles, sans couler.

Cette qualité est précieuse pour la transparence; car, quelque liquides que l'on rende les couleurs par le mélange de ce vernis, on peut les employer sans qu'il s'en sépare et sans qu'elles sortent de la place où le pinceau vient de les appliquer. L'asphalte, par exemple, fondu dans de l'huile siccative ou dans l'essence de térébenthine, est tellement visqueux et coulant, qu'il serait non seulement impossible de le garder sur la palette, mais encore d'en étendre une couche tant soit peu épaisse sur une partie du tableau sans qu'elle ne coulât au bas de la toile: en le mêlant avec ce vernis, on arrête aussitôt sa tendance à couler, et il devient maniable comme les autres couleurs.

Avec *l'oglio cotto* des Italiens, qui est un véritable vernis, l'imitation des esquisses de *Rubens*, que j'ai citée comme impossible en suivant nos procédés ordinaires, ne présente plus de difficultés matérielles.

Toutefois, comme la liquidité de cette huile

épaissie est due au vernis avec lequel il faut la délayer, l'huile volatile du vernis ne tarde pas à s'évaporer : alors la couleur devient visqueuse, et ne cède plus que difficilement au mouvement du pinceau. Ce vernis ne peut donc convenir qu'à ceux qui exécutent avec une extrême promptitude, ou pour l'application des glacis; ce qui n'exige jamais beaucoup de temps.

Une autre préparation qui, je crois, fut employée dans l'École flamande, n'offre pas l'inconvénient de rendre les couleurs extrêmement visqueuses en peu de temps. Elle est composée de mastic en larmes et de belle cire fondus ensemble dans de l'huile siccative blanche. *Prudhon*, dont la perte est encore si vivement ressentie par les amis des arts, s'en servait habituellement (1), et ce n'est pas à l'emploi de ce vernis qu'il faut attribuer les gerçures qui ont détruit quelques uns de ces tableaux. Ils se seraient tous conservés comme sa *Psyché*, comme son *Zéphire*, comme beaucoup d'autres de ses tableaux, si on avait eu l'attention de ne les vernir qu'après leur complète dessiccation.

---

(1) Dans les dernières années de sa vie, il avait donné la préférence au vernis de *Théophile*, dont la préparation sera décrite au chapitre *Des vernis*.

Sauf la petite quantité de cire ajoutée au mastic, ce vernis est semblable à un de ceux décrits par *Armenini* (1). Dans le vernis dont se servait

---

(1) . . . Alcuni dunque pigliavano del oglio d'abezzo chiaro, e lo facevano disfare in un pignattino à lento fuoco, e disfatto bene, li ponevano tanto altro oglio di sasso, gettandovelo dentro subito che essi lo levavano dal fuoco, mesticando con la mano cosi caldo, lo stendevano sopra il lavoro prima posto al sole, e alquanto caldo, sicchè toccavano con quella da per tutto egualmente; e questa vernice è tenuta la piu sottile, e piu lustra d'ogni altra che si fa nia; io ho veduto usarla cosi per tutta la Lombardia da i piu valenti; e mi fu detto che cosi era quella adoprata dal Corregio e dal Parmegiano nelle sue opere, se si può credere a quelli che li furono discepoli.
Altri sono che pigliano *mastice che sia bianco et lustro, e lo mettono in un pignattino al fuoco, e con esso vi mettono tanto oglio di noce chiaro che lo cuopra bene, e cosi lo lasciano disfare, tutta via mesticando lo assai; di poi lo colano con una pezza di lino rada in un altro vasetto, e questa suol venir piu lustra se vi si getta dentro fin che bolle un poco di allume di roccha abbrugiato e tutto in polvere sottile;* e di questa se ne può mettere negli azzuri fini, nelle lacche e in altri tali colori, acciò si asciughino piu presto . . . .
Altri ancora pigliano tanto mastice quanto sandaracha, e ne fanno sottilissime polveri e le cuoprono con oglio di noce al fuoco nel modo delle altre di sopra, la qual poi colata vi aggiungono un terzo di oglio di abezzo e lo incorporano con quelle, ma vuol bollir poco, perchè la vernice verrebbe

3.

Mengs, c'est encore le mastic qui en fait la base.

---

viscosa : e tutte queste predette vernici, mentre si fanno disfare al fuoco, si mesticano sempre con una piccola bacchetta, le quali poi coperte nel suo vasetto, si conservano longo tempo, con farsi piu purgate, et sottili.

Quelques peintres préparaient leur vernis en prenant de la térébenthine transparente (celle du sapin) et l'exposaient dans un vase sur un feu doux. Lorsqu'elle était liquéfiée, ils y mêlaient, au moment de retirer le vase du feu, une quantité égale d'huile de pétrole : après l'avoir mélangée intimement, ils l'appliquaient sur le tableau, préalablement échauffé à l'ardeur du soleil. De tous les vernis, celui-ci passe pour être le plus léger et le plus brillant. Je l'ai vu employer dans toute la Lombardie, et s'il faut en croire les rapports de quelques élèves du *Corrége* et du *Parmesan*, on m'a assuré que ces grands peintres en faisaient usage.

D'autres prennent *du mastic en larmes bien blanc et brillant, et versent dessus autant d'huile de noix qu'il en faut pour le couvrir; ils le fondent en le remuant continuellement et le passent ensuite à travers un morceau de toile non pelucheux. Ce vernis acquiert plus de transparence et de brillant, si, lorsqu'il commence à bouillir, on y ajoute un peu d'alun calciné, réduit en poudre fine.* On peut mêler ce mastic avec l'outremer, les laques et les couleurs de ce genre : il les fait sécher plus promptement.. . . . .

D'autres encore prennent parties égales de mastic et de

Le mélange du vernis augmente considérablement l'éclat des couleurs, c'est une vérité que personne ne conteste ; mais tout en la reconnaissant, bien des peintres craindront que cet éclat n'ait lieu qu'aux dépens de la solidité de la peinture, car ils regardent comme un effet inévitable de ce procédé les gerçures que l'on voit se former sur quelques tableaux, et qui en occasionent, en plus ou moins de temps, la destruction.

Je ferai d'abord observer que les gerçures ne sont pas toujours le résultat de l'emploi du vernis, et qu'elles tiennent encore à d'autres causes dont on peut toujours se rendre maître. Il n'est pas rare de voir des tableaux gercés de toutes parts, bien qu'aucun mélange de vernis ne soit entré dans les couleurs que l'on a employées. Cet accident a lieu constamment lorsque l'on applique de suite plusieurs couches épaisses de vernis sur une peinture qui n'est sèche qu'à sa

---

sandaraque, et les fondent dans de l'huile de noix, comme dans le procédé ci-dessus ; puis ils y ajoutent un tiers de térébenthine. Il ne faut pas trop prolonger l'ébullition, parce que le vernis deviendrait trop visqueux. Dans toutes ces préparations, il faut avoir soin de remuer constamment avec une baguette. Ces vernis, conservés dans des vases propres et bien couverts, s'éclaircissent et acquièrent avec le temps plus de qualité.

superficie, ou même lorsque le vernis est de mauvaise qualité.

Plusieurs fabricans, pour gagner davantage, ne mettent pas dans le vernis qu'ils préparent la proportion de mastic nécessaire pour le rendre brillant. Ils substituent à cette résine l'huile visqueuse de térébenthine, qui coûte beaucoup moins et produit momentanément le même effet; mais le vernis ainsi préparé ne conserve pas long-temps sa transparence : il ne sèche qu'à sa surface ; une portion, en pénétrant dans l'intérieur des couches de couleur, les ramollit, et le tableau est en peu de temps couvert de gerçures. Ces accidens ont lieu toutes les fois qu'une couche de couleur encore molle est recouverte par une couche mince complétement sèche. La portion molle se dilate lorsque la température s'élève à un certain degré; et la couche extérieure, ne pouvant ni suivre ni arrêter la dilatation, doit nécessairement se fendre. C'est ce qui arrive à la faïence : la couverte vitreuse, ne pouvant se dilater autant que la terre qu'elle recouvre, se fendille à la première impression de la chaleur (1).

---

(1) On voit rarement des gerçures dans les tableaux du *Titien*. Il y en a cependant dans le tableau du *Couronnement d'épines*. Elles se trouvent dans un endroit où l'auteur

Il résulte de ces observations qu'on ne doit pas vernir un tableau avant qu'il ne soit complétement sec, à moins qu'on ne se borne à l'application d'une très légère couche de bon vernis.

Aux exemples assez fréquens de tableaux gercés par le seul effet de vernis mal préparés ou appliqués trop tôt et à couches trop épaisses, j'opposerai l'immense quantité de peintures vernies qui se conservent sans altération, telles que celles de nos voitures, et de ces nombreux objets en tôle vernie qui résistent à des changemens continuels de température sans éprouver la moindre altération. Il faut donc admettre que les gerçures des tableaux ne sont pas le résultat inévitable de l'emploi du vernis dans la peinture.

En faisant abstraction de ce qui constitue la manière propre de chaque École et de chaque maître, et en ne considérant que leurs procédés techniques, on voit que ces procédés peuvent se réduire à deux, la peinture transparente et la peinture opaque. La transparence, cette condition importante du coloris, a frappé particulièrement les anciens peintres. Pour remplir cette

---

a repeint dans la pâte, sur une partie enduite d'une couche épaisse de bitume, qui n'était sec qu'à sa surface.

condition, quelques uns ont ébauché avec des lavis et peint avec très peu de couleur; d'autres ont fait leurs ébauches à pleine pâte, et à l'aide de glacis sont parvenus également à obtenir la plus grande transparence. Ainsi deux routes diverses ont conduit au même but, et les tableaux très empâtés du *Titien* et de *Rembrandt* sont aussi transparens que ceux de *Frà-Bartolomeo* et des *Bronzini*.

L'altération produite dans plusieurs tableaux par le jaunissement des huiles et du vernis détermina ensuite plusieurs peintres à renoncer aux avantages de la transparence. *Sasso-Ferrata* nous en donne un exemple dans le XVIIe. siècle (1), et l'École française vers le milieu du siècle dernier.

Dans cet Essai, je crois avoir suffisamment prouvé que les *Van-Eyck* et ceux qui suivirent leurs procédés peignirent avec des vernis qui, en faisant ressortir tout l'éclat des couleurs, rendaient la peinture moins accessible aux injures de l'air;

Que le procédé des *Van-Eyck*, transmis d'abord comme un secret à un petit nombre d'a-

---

(1) *Sasso-Ferrata* (*Gio Batista Salvida*), né en 1605, mort en 1685.

deptes, ne tarda pas à être modifié et réduit à l'emploi pur et simple des huiles siccatives ; que cependant il dut se conserver dans quelques écoles ;

Que celle où il prit naissance dut moins l'altérer qu'aucune autre ; qu'ainsi *Rubens* peut être regardé comme l'ayant exactement suivi ; que du moins certaines parties de ses ouvrages ne sauraient être imitées avec nos procédés, tandis qu'en employant des vernis convenablement préparés, elles ne présentent plus de difficultés insurmontables.

C'est à l'expérience à faire connaître si mes observations sont exactes, ou si je me suis fait illusion : et pour que cette vérification s'effectue, pour que mes recherches soient profitables, je vais décrire la composition des vernis à l'aide desquels on peut préparer les couleurs comme je crois qu'on les préparait dans les Écoles flamande et vénitienne.

CHAPITRE II.

DES VERNIS.

Toute substance qui, appliquée à la surface d'un corps, lui donne un lustre permanent, est un vernis. Une huile siccative, épaissie au soleil ou au feu, est un vernis, et on a dû l'employer souvent comme tel. Mais il est très probable que les vernis composés de résines dissoutes dans l'huile ont été très anciennement en usage.

Ce qui est hors de doute, c'est qu'à l'époque où les arts florissaient en Grèce, la préparation des vernis était depuis long-temps connue dans l'Inde, la Perse et la Chine. Il n'est donc pas croyable que cet art fût ignoré des Grecs. Telle serait cependant la conséquence d'un passage de *Pline*, qui nous apprend qu'*Apelles* devait son coloris inimitable à l'emploi d'un liquide désigné sous le nom d'*atramentum*, dont il enduisait ses tableaux lorsqu'ils étaient terminés, et dont aucun autre peintre n'avait encore pu faire usage.

Il y a, dit *Pline*, dans les tableaux « d'*Apelles*
» un effet que personne n'a pu imiter, et qu'il
» obtenait au moyen d'un *atrament* dont il
» enduisait ses tableaux lorsqu'ils étaient ter-
» minés. Ce liquide faisait ressortir l'éclat des
» couleurs, en même temps qu'il les préservait
» de la poussière et de tout ce qui aurait pu les
» salir. Il était transparent, au point que, pour
» l'apercevoir, il fallait y regarder de très près ;
» et son emploi était d'autant plus avantageux
» que les couleurs les plus claires, loin de bles-
» ser les yeux, paraissaient comme vues à dis-
» tance, au travers d'une substance vitreuse ;
» ce qui abaissait d'une manière imperceptible
» le ton des couleurs les plus brillantes, et les
» rendait plus graves et plus austères (1). »

Reynolds a cru voir dans ce passage la description du procédé des glacis, auquel il devait

---

(1) Unum imitari nemo potuit, quod absoluta opera *atramento* illinebat ità tenui, ut idipsum repercussu claritates colorum excitaret custodiretque à pulvere et sordibus, ad manum intuenti demum appareret. Sed et tùm ratione magna ne colorum claritas oculorum aciem offenderet veluti per lapidem specularem intuentibus è longinquo et eadem res nimis floridis coloribus austeritatem occultè daret.

Plin., *Hist. nat.*, l. XXV, c. X.

en grande partie son admirable coloris (1). Les glacis augmentent en effet le brillant des couleurs, en même temps qu'ils les rendent plus harmonieuses, plus douces à la vue; mais ils ne s'exécutent pas avec une liqueur d'une teinte uniforme, et ils ne mettent pas un tableau à l'abri de la poussière. Or, *Pline* affirme positivement 1°. qu'aucun peintre n'avait pu produire l'effet de couleur qu'*Apelles* obtenait à l'aide d'une liqueur transparente, probablement d'apparence brune, puisqu'il la désigne par le mot *atramentum* (2); 2°. que cette liqueur, appliquée sur les tableaux terminés, les garantissait de tout ce qui pouvait les salir, etc., etc. Cela ne peut s'entendre que d'un vernis.

---

(1) Voyez la note 37e. sur le poëme de *Dufresnoy*, imprimé à la suite de ses discours.

(2) Le mot *atramentum* est souvent employé par *Pline* pour exprimer l'encre liquide et la matière charbonneuse dont il était composé. Dans cette circonstance, n'ayant pas de mot technique, il n'a dû l'employer que dans la signification générale de *liqueur d'aspect brun*.

Le vernis au copal est dans ce cas; il paraît brun dans le vase qui le contient, et appliqué en couche mince il est tellement transparent, qu'il ne colore pas sensiblement la peinture la plus claire sur laquelle on l'applique.

Si *Reynolds* adopta cette interprétation, c'est qu'il lui répugnait de croire que les peintres grecs eussent ignoré l'art de composer des vernis, pratiqué depuis long-temps en Orient; il a préféré supposer que *Pline* avait mal décrit le procédé d'*Apelles*. Quoi qu'il en soit, en admettant même qu'*Apelles* seul ait connu la préparation et l'emploi du vernis, il est raisonnable de croire que, plus tard (au moins à l'époque du Bas-Empire), ce ne fut plus un secret pour aucun peintre grec. C'est d'eux probablement que les Italiens l'apprirent avec les élémens de la peinture.

Dans l'ouvrage déjà cité de *Théophile*, on trouve très bien décrite la préparation d'un vernis huileux, et son procédé a cela de remarquable, que c'est le même que l'on suit encore aujourd'hui pour les vernis de ce genre, avec cette seule différence que le vernis de *Théophile* n'est qu'une simple solution de résine dans l'huile de lin pure, sans addition d'une huile essentielle pour la rendre plus fluide. Cela ne pouvait être autrement, puisqu'à cette époque l'art de la distillation n'était pas encore connu.

On a rangé les vernis en trois classes : les vernis à l'alcool, ceux à l'essence de térébenthine, et les vernis huileux, appelés aussi vernis gras ou vernis durs.

Les vernis à l'alcool n'étant pas employés dans la peinture à l'huile, il serait superflu d'en décrire la préparation, qui, d'ailleurs, ne diffère pas de celle des vernis à l'essence, quant à la manipulation, mais seulement par la nature des résines que l'on y fait entrer.

Je ne m'occuperai donc que des vernis dont on peut faire usage dans la peinture à l'huile, soit en les mêlant immédiatement dans les couleurs, soit en les appliquant sur la peinture après la dessiccation des tableaux.

Mais avant de décrire leur préparation, il est convenable que je fasse connaître les différentes matières dont ils se composent, c'est à dire les bitumes et les résines qui en sont la base, et les huiles dans lesquelles on opère leur dissolution.

§ Ier.

DES DIFFÉRENTES SUBSTANCES QUI ENTRENT DANS LA COMPOSITION DES VERNIS.

DES BITUMES.

Les bitumes sont des substances grasses, inflammables, qui se trouvent dans le sein de la terre et ressemblent aux résines sous tant de rapports, qu'on pourrait leur croire une origine commune.

On n'emploie dans la peinture que l'asphalte et le succin.

Asphalte ou bitume.

L'asphalte est une poix minérale, de la couleur du goudron, concrète, fragile, formant des masses compactes, et ayant dans sa cassure l'éclat du verre.

Il se dissout aisément dans l'huile volatile de térébenthine et dans les huiles siccatives. Il forme alors un vernis très brun, de la plus grande transparence, mais tellement visqueux, qu'on ne pourrait guère l'employer, si par des mélanges on n'arrêtait sa tendance à couler. On y parvient au point qu'il se maintient sur la palette et sur la toile comme les autres couleurs (1).

Succin ou carabé.

Le succin, appelé aussi carabé ou ambre jaune, est classé parmi les bitumes, par la raison qu'il se trouve dans le sein de la terre; cependant tout annonce qu'il a une origine végétale. En effet, la forme des plus gros morceaux indique une matière qui a coulé à la manière des résines,

---

(1) Voyez l'art. *Bruns*, au chap. *De la préparation des couleurs.*

et il n'est pas rare d'en rencontrer au centre desquels se trouvent des insectes qui n'ont pu y être enfermés que lorsque la matière était liquide.

Le succin est quelquefois opaque, et d'autres fois transparent comme le verre; sa couleur est jaune, plus ou moins foncée. Il se colore à l'air; aussi les morceaux d'ambre anciennement travaillés sont tous bruns, tandis que ceux d'un travail récent sont d'un jaune clair.

Il diffère essentiellement des résines connues non seulement par une plus grande dureté, qui permet de le tailler et d'en faire des bijoux; mais encore en ce qu'il s'en dégage, lorsqu'on le fond, un acide volatil, qui se sublime au haut des vases distillatoires.

La fusion du succin ne s'opère qu'à une température encore plus élevée que celle à laquelle on peut fondre le copal; aussi les vernis au carabé sont-ils très bruns: on ne pourrait donc les employer qu'avec des couleurs brunes, pour en augmenter la transparence et la solidité. La terre d'ombre, par exemple, l'oxide de manganèse, et toutes les couleurs brunes siccatives pourraient être employés avec le vernis au carabé (1).

───────────

(1) Dans les plus anciennes recettes publiées en Italie, le carabé, l'ambre sont au nombre des matières qui en-

DES RÉSINES.

Les résines sont, ainsi que les bitumes, des huiles concrètes ou épaissies, très inflammables, non solubles dans l'eau comme les gommes, mais plus ou moins solubles dans l'alcool, l'éther, ou les huiles.

A l'exception de la laque, qui, comme la cire, est un produit animal, les résines découlent de certains arbres sous la forme de sucs visqueux, qui s'épaississent et se durcissent plus ou moins à l'air : ainsi il y en a de très molles, et d'autres très dures.

Parmi le grand nombre de résines qui se trouvent dans le commerce, je dois me borner à faire connaître celles qu'on peut employer dans la préparation des vernis.

Résine animée.

On trouve sous ce nom, dans le commerce, des résines qui évidemment ne proviennent pas du même arbre. La véritable résine animée dé-

---

trent dans la composition des vernis. Il est possible que l'on ait confondu avec le carabé le copal, qui est plus fusible.

coule du courbaril. Elle ressemble au copal par sa transparence, mais elle est plus blanche et beaucoup plus friable; cependant elle ne fond pas dans l'huile à un degré de température beaucoup moins élevé et se colore tout autant, de sorte qu'il n'y aurait aucun avantage à l'employer au lieu du copal. La résine animée se fond dans l'essence de térébenthine, mais la dissolution est louche; elle s'éclaircit par le dépôt d'une matière non dissoute restée en suspension.

Copal.

Le copal, improprement appelé gomme-copal, est la plus brillante et la plus dure des résines. Il y en a de deux espèces : l'une qui vient des Indes orientales et découle d'un arbre appelé, par *Jussieu*, *eleocarpus copalliferus*, et par *Linné vrateria indica*; l'autre se recueille, dans l'Amérique espagnole, d'une espèce de sumac (le *rhus copallinum*).

Outre ces deux variétés, il se trouve dans le copal du commerce des morceaux peu différens en apparence, mais plus tendres, c'est à dire fusibles à un moindre degré de chaleur (1). Les

---

(1) *Réaumur*, qui a fait beaucoup d'essais sur la prépa-

fabricans de vernis prétendent les reconnaître à leur forme globuleuse et à leur couleur plus blanche.

Mais la différence de ces deux résines devient très sensible dans une opération préliminaire que l'on fait subir au copal pour le débarrasser d'une croûte opaque résultant probablement de l'altération produite par l'action de l'air et de l'eau. Autrefois on grattait cette croûte avec un couteau, aujourd'hui on l'enlève plus facilement par le moyen suivant.

On fait tremper le copal pendant deux jours dans une lessive caustique, on le lave ensuite et on le fait sécher. Lorsqu'il est parfaitement sec, on le brosse, et la couche altérée s'en va en poussière.

Dans cette opération, les morceaux tendres,

---

ration des vernis et qui est parvenu à dissoudre le copal dans l'alcool et dans l'huile d'aspic, avait remarqué que dans le copal du commerce tous les morceaux ne sont pas également solubles. Pour connaître d'avance la qualité des morceaux qu'il voulait dissoudre, il les essayait sur une lame de couteau chauffée autant qu'elle pouvait l'être sans changer de couleur. Les uns se fondaient plus ou moins facilement, d'autres se grillaient comme de la gomme. Il rejetait ces derniers comme intraitables, et opérait ses dissolutions avec les morceaux fusibles.

qui sont toujours en très petite quantité, se ramollissent au point de se coller aux morceaux qui les touchent. On a soin de mettre de côté cette résine, pour la traiter séparément, parce qu'étant plus fusible que le copal, elle se liquéfierait la première, et que, subissant pendant trop long-temps l'action du feu après sa fusion, elle se roussirait et rendrait le vernis beaucoup plus coloré.

Le copal est en général plus transparent et moins coloré que l'ambre, il est aussi moins dur; cependant il est assez probable qu'on a quelquefois taillé du copal au lieu d'ambre.

Laque.

La laque, improprement appelée *gommelaque*, est une résine produite par un insecte que, pendant long-temps, on a cru être une espèce de fourmi ailée, mais que, d'après des observations plus récentes, les naturalistes ont classé parmi les gallinsectes, comme la cochenille et le kermès, et par cette raison l'ont appelé *coccus ficus, coccus lacca*. Les femelles de ces insectes se réunissent autour des petites branches d'arbres, y déposent leurs œufs, et les entourent d'une matière résineuse, qui est la laque. Elle est employée dans la préparation des vernis et dans celle de la cire à cacheter. Les œufs ou les embryons de ces gallinsectes contiennent, comme la cochenille et le kermès, une matière colorante pourpre très intense (1).

Mastic.

Cette résine découle du *lentisque*, arbre qui croît en abondance dans les îles de l'Archipel, et surtout dans celle de Scio. Le mastic est en forme de larmes ou de grains ronds, transparens et d'une couleur légèrement citrine. Il est odorant et se ramollit dans la bouche, au point qu'on peut le pétrir avec la langue, et le retirer en rubans, en fils, etc. On l'emploie, dans le Levant, à la mastication; son nom est dérivé de cet usage.

Presque tout ce qu'on recueillait dans l'île de Scio était envoyé au grand-seigneur, et se consommait dans son sérail.

Le mastic se fond à la température de l'eau bouillante : sa dissolution dans l'esprit de vin est louche, ce qui prouve qu'elle est incomplète. Il se dissout en entier dans les huiles fixes et les

---

(1) Voyez l'art. *De la préparation de la laque indienne.*

huiles volatiles. Sa dissolution dans l'huile essentielle de térébenthine forme le vernis que l'on applique sur les tableaux.

Sandaraque.

Elle ressemble, par sa couleur et un peu par sa forme, au mastic; elle en diffère sous plusieurs rapports : elle ne se ramollit pas dans la bouche; elle est très friable; elle se dissout aisément dans l'alcool, et ne se dissout pas dans l'essence de térébenthine. *Réaumur* assure être parvenu à opérer sa dissolution dans l'huile d'aspic, en commençant par l'imbiber d'alcool. Je n'ai pas vérifié ce procédé; mais, dans plusieurs cas, j'ai reconnu l'efficacité du mélange de l'alcool avec les huiles essentielles.

La sandaraque se fond dans les huiles fixes à un faible degré de chaleur ; toutefois, pour en opérer la combinaison, il faut que la température soit élevée au plus haut degré, et alors la dissolution est brune.

DES HUILES.

On distingue deux espèces d'huiles : les unes, visqueuses et grasses au toucher, sont appelées huiles fixes ou grasses; les autres, presque sans viscosité, portent le nom d'huiles essentielles ou d'essences.

Des huiles fixes ou grasses.

La nature de ces huiles n'est bien connue que depuis les travaux de M. *Chevreul* sur les corps gras.

Ce savant a fait connaître dans les huiles grasses deux matières distinctes, auxquelles il a donné le nom d'*oléine* et de *stéarine* ou *margarine*. Ces matières, qui ne sont point acides, le deviennent par leur combinaison avec les oxides métalliques.

Avec la potasse et la soude, les huiles fixes forment des savons ; l'oxide de plomb les rend siccatives et s'y combine, au point de les convertir en onguens.

Toutes les huiles grasses sont, à la longue, épaissies par l'action de l'air ; mais cette action est plus ou moins énergique, suivant la nature de l'huile. Quelques unes, naturellement siccatives, peuvent, avec le temps, devenir solides comme les résines les plus sèches : telles sont les huiles de lin, de noix et de pavot, employées dans la peinture, à cause de leur qualité siccative.

Il est probable qu'il en existe encore d'autres, douées des mêmes propriétés, et qui pourraient être employées dans la peinture comme celles dont on fait usage. J'ai lu quelque part qu'on peut extraire des pepins de raisins une huile siccative particulièrement propre à la composition des vernis gras.

Huile de lin.

L'huile de lin est la plus visqueuse et la plus siccative des trois espèces employées. Sa couleur est extrêmement jaune; mais elle ne résulte pas, comme on pourrait le croire, de l'action du feu sur la graine que l'on torréfie pour en exprimer l'huile. Elle est produite par la pellicule dont l'amande est recouverte, et qui est abondamment chargée d'une matière colorante jaune dissoluble dans l'huile. L'huile de lin préparée sans feu, pour les médicamens, est aussi jaune que celle du commerce. Au reste, cette couleur, comme celle de la cire, est détruite par l'action du soleil.

L'huile de lin est particulièrement employée dans la préparation des vernis gras. Les motifs de la préférence qu'on lui donne sont qu'elle est plus siccative et qu'elle conserve mieux sa transparence en se desséchant à l'air.

Huile de noix.

L'huile de noix extraite sans feu est peu colorée, celle du commerce même l'est moins que l'huile de lin; quelques personnes la préfèrent pour les peintures exposées à l'air. Elle est d'ailleurs moins brunie que l'huile de lin par l'action de l'oxide de plomb.

Huile d'œillette.

L'huile de pavot est appelée huile d'œillette par corruption du mot *olliette* (olivette), nom donné aux pavots dans quelques endroits où on les cultive. Cette huile est la plus blanche, mais aussi la moins siccative des trois. Comme on cultive abondamment le pavot dans la Flandre, il est probable que cette huile a été employée de préférence dans l'École des Pays-Bas.

Quoique ces huiles soient naturellement siccatives, elles ne le sont pas encore assez pour vaincre l'action de certaines couleurs qui retardent plus ou moins leur dessiccation, telles que les laques, les noirs de charbon animal, et surtout les terres bitumineuses; mais en même temps que l'expérience a fait connaître l'effet produit sur l'huile par ces couleurs, elle a également mis en évidence l'action siccative exercée par quelques oxides métalliques : dès lors il a été facile de préparer les huiles de telle façon qu'aucune couleur ne pût les empêcher de sécher.

PRÉPARATION DE L'HUILE SICCATIVE.

De la propriété qu'ont plusieurs oxides et sels métalliques de se combiner avec les huiles et de les rendre plus siccatives, il a dû résulter un grand nombre de variantes dans les recettes publiées sur la préparation de l'huile siccative. Quelques uns prescrivent l'emploi du sulfate de zinc, du *verdet-gris* calciné, du plâtre, de la terre d'ombre, de l'oxide de manganèse, etc.; d'autres recommandent de mettre dans l'huile une croûte de pain et une gousse d'ail ; dans toutes, la litharge est le principal ingrédient : c'est aussi l'oxide de plomb qui a le plus d'action sur l'huile, il est inutile d'y en ajouter d'autres.

La litharge, dans la proportion au plus d'un huitième, doit être réduite en poudre très fine : c'est une condition essentielle pour en accélérer la dissolution.

On met le vase contenant l'huile et la litharge sur un feu doux, et on remue souvent le mélange avec une spatule. L'ébullition développe beaucoup d'écume, et quelquefois l'intumescence oblige de retirer le vase, sans quoi l'huile se répandrait au dehors.

Lorsque l'écume est entièrement disparue, c'est un signe que l'huile est au point convenable. On la laisse reposer; la partie de la litharge non combinée se précipite, et la surface de l'huile se trouve, au bout de quelques heures, recouverte d'une pellicule; indice auquel on reconnait qu'elle est suffisamment siccative.

Ainsi préparée, l'huile est brune, et l'est d'autant plus, qu'elle a été plus long-temps sur un feu ardent. Elle devient transparente par le repos; mais elle n'est jamais blanche. En opérant à une température moins élevée, par exemple à celle du bain-marie, ou bien en mêlant à l'huile de l'eau, que l'on remplace à mesure qu'elle s'évapore, on obtient une huile moins siccative, à la vérité, mais moins colorée, et qui se blanchit un peu par l'action de la lumière.

On peut enfin avoir une huile siccative presque incolore en employant de l'huile de lin ou de noix, et opérant sa combinaison avec la litharge par une trituration suffisamment prolongée. Il en résulte une espèce de crême jaunâtre, qui s'éclaircit en peu de temps par le repos; mais si l'on est pressé, on filtre cette huile à travers un papier non collé : elle passe aussitôt transparente et un peu plus colorée; mais elle se blanchit bientôt au contact de la lumière, en laissant déposer une partie de l'oxide de plomb qu'elle tient en dissolution. L'opération peut être faite en quelques heures.

Il paraît que l'huile forme, avec la litharge, deux combinaisons distinctes : dans la première, la portion d'oxide de plomb tenue en dissolution n'empêche pas l'huile d'être fluide et transparente; l'autre combinaison est une matière emplastique, une espèce de savon dans lequel même l'huile est altérée comme elle l'est par les alcalis. Il sera question de cette préparation au chapitre *Des vernis*.

L'action réciproque de l'huile et de l'oxide de plomb est telle, qu'on peut opérer la combinaison de ces deux substances en triturant de l'huile de lin avec une molette de plomb. L'huile devient en peu de temps colorée par le mélange d'une matière grise, qui n'est autre que du plomb très divisé. Que l'on mette ce mélange dans un vase, le plomb ne tarde pas à tomber au fond, l'huile qui surnage est très claire et rendue plus siccative. Elle tient en effet un peu d'oxide de plomb en dissolution.

On pourrait donc, à défaut de bonne litharge,

employer du plomb en grenailles ou haché, le mettre avec de l'huile de lin ou de noix dans une bouteille qu'on agiterait souvent. En peu de jours, on aurait une huile presque sans couleur et assez siccative pour faire sécher les laques aussi promptement que les ocres.

Comme les huiles siccatives deviennent visqueuses en peu de temps, il ne faut en préparer qu'une petite quantité à la fois.

DES HUILES ESSENTIELLES.

Ces huiles ont des propriétés opposées à celles des huiles grasses : elles ne sont point visqueuses ; elles sont âcres, caustiques, très odorantes, et s'enflamment à l'approche d'un corps en combustion.

Essence de térébenthine.

On n'emploie guère dans la peinture à l'huile et dans la préparation des vernis que l'huile volatile appelée *essence de térébenthine.* Cette huile provient de la distillation de la térébenthine liquide, qui découle de certains arbres résineux, tels que le *pin,* le *sapin,* le *mélèze.* Quand la distillation est bien conduite, l'essence de térébenthine est sans couleur. Lorsqu'elle est un peu ambrée, il est possible, sans la distiller de nouveau, de l'obtenir tout à fait incolore; il suffit pour cela d'y mêler un peu de chaux vive en poudre, et d'agiter quelque temps le vase qui contient le mélange. La chaux, en tombant, se charge de la portion colorée de l'huile, et lorsqu'elle est totalement précipitée, l'essence est claire comme de l'eau. On peut accélérer la séparation de la chaux en filtrant l'essence à travers un papier.

Huile d'aspic.

Cette huile est retirée, par la distillation, d'une grande lavande, fort commune dans le ci-devant Languedoc, où elle est appelée *aspic :* les naturalistes l'appellent *spic*. Celle du commerce est falsifiée par le mélange de l'essence de térébenthine, et peut-être la plus pure n'est-elle que cette essence distillée plusieurs fois sur des fleurs de *spic*.

C'est avec l'huile d'aspic que *Réaumur* est parvenu à dissoudre le copal. Cette huile est plus grasse que l'essence de térébenthine, ce qui me porte à croire que le vernis de *Réaumur* devait conserver de la mollesse pendant long-temps.

Huile de romarin.

L'huile volatile de romarin est probablement préparée de la même manière, en distillant des fleurs de cet arbrisseau infusées dans de l'essence de térébenthine. Elle est plus sèche que l'huile d'aspic; elle doit donc mieux convenir à la préparation des vernis. Elle paraît aussi avoir plus d'action sur le copal.

Huile volatile de pétrole (naphte).

Le naphte est un bitume liquide, une huile minérale, transparente, peu colorée, répandant une odeur très forte qui se rapproche de celle de l'huile de térébenthine. On le recueille en Italie et dans plusieurs autres endroits. Celui de Perse, qui est très renommé, est employé à la préparation des vernis. Il est probable que c'est en dissolvant des résines dans le naphte, que les Orientaux faisaient anciennement leur vernis. Cette huile, lorsqu'elle a été distillée, est parfaitement incolore. On pourrait donc s'en servir dans la préparation des vernis. *Armenini*, dans le chap. IX, où il donne la préparation de plusieurs vernis, en décrit un, composé de naphte (*oglio di sasso*) et de térébenthine (*oglio di abesso*), et il assure qu'il était employé par *Le Parmesan* et *Le Corrége* (1).

L'huile de naphte et même celle de lavande et de romarin ont une odeur tellement pénétrante, qu'on doit répugner à les employer.

On trouve dans le tome VI des *Annales de chimie et de physique* un procédé publié par M. *de Saussure,* pour détruire l'odeur du naphte sans altérer ses qualités dissolvantes. Ce procédé doit être également applicable aux autres huiles volatiles, alors rien ne s'opposerait à ce qu'on les employât dans la préparation des vernis (2).

---

(1) Voyez, page 35, la note relative aux vernis décrits par *Armenini*.

(2) Le procédé consiste à mêler peu à peu de l'acide sulfurique du commerce avec l'huile de naphte, et à laisser les substances en contact pendant plusieurs jours dans un flacon bouché, en ayant soin de l'agiter souvent. Il se fait un dépôt noir, qui paraît être une combinaison de l'acide sulfurique avec le principe odorant de l'huile ; on décante la liqueur claire, et on enlève la portion d'acide à laquelle elle est unie, en la saturant avec une solution de potasse caustique. On pourrait également saturer l'acide avec de la chaux vive.

(*Annales de chimie et de physique,* 1817, t. VI, p. 308.)

§ II.

PRÉPARATION DES VERNIS.

VERNIS QU'ON PEUT EMPLOYER EN PEIGNANT.

Vernis des Italiens.

J'ai déjà fait connaitre l'huile emplastique que l'on prépare en Italie, de temps immémorial, et qui a la double propriété d'être très siccative et d'arrêter la tendance à couler des glacis les plus liquides.

On la prépare en faisant digérer, sur un feu doux, une partie de litharge broyée au dernier degré de ténuité, avec deux parties d'huile de lin ou de noix (1). On a soin de remuer souvent le mélange avec une spatule, afin de faciliter la combinaison.

Après plus ou moins de temps, suivant la quantité de matières sur lesquelles on opère, l'huile est intimement combinée avec la litharge, au point qu'en en laissant tomber quelques gouttes sur un corps froid, elle se fige aussitôt comme de la graisse fondue. Si cet effet n'a pas lieu, c'est

---

(1) L'huile de noix se colore moins, dans cette opération, que l'huile de lin.

une preuve que l'opération a été arrêtée trop tôt. Il faut alors remettre l'huile sur le feu, et y ajouter au plus un dixième de cire blanche très pure : on le fait d'ailleurs, dans tous les cas, pour donner plus de consistance à cette préparation. Lorsque la cire est tout à fait incorporée, on verse l'huile sur une pierre à broyer; puis, à l'aide de quelques coups de molette, on empêche que la partie fluide ne se sépare en refroidissant, et l'on rend ainsi le mélange parfaitement homogène.

Pour employer cette huile emplastique, on la délaie dans du vernis au mastic, en broyant ce mélange sur la palette. On en forme ainsi une espèce de pommade qui s'étend avec facilité sous le pinceau, et qui reste sur le tableau comme on l'applique, sans couler aucunement : elle est donc très convenable pour les glacis.

Le mélange du vernis est nécessaire, parce que, sans cette addition, elle mousserait sous la brosse comme une dissolution de savon, au point qu'on ne pourrait rien discerner tant que les bulles de la mousse n'auraient pas disparu.

Cette combinaison d'huile et de litharge est en effet un véritable savon qui, à l'exception de la solubilité dans l'eau, a tous les autres caractères des savons ordinaires formés par la réunion de l'huile et d'un alcali.

Il serait donc mieux de la préparer dans l'eau bouillante, comme on prépare les savons ordinaires ; car il n'est pas aisé de régler le feu de manière que la température ne dépasse pas le degré convenable, tandis que celle de l'eau bouillante est toujours la même.

A mesure que l'eau se dissipe par l'évaporation, on en remet de nouvelle, et lorsque la combinaison est achevée, l'eau qui reste au fond du vase est sans couleur et a acquis une saveur sucrée qui lui a fait donner le nom de *glycerine* ou *principe doux des huiles*.

On pourrait aussi, par une très longue trituration, opérer la même combinaison, et elle serait moins colorée, surtout si l'on employait de l'huile blanchie au soleil.

Il est important que la litharge soit pure ; car si elle contenait de l'oxide de cuivre, il serait dissous par l'huile, et lui communiquerait une teinte verdâtre.

Vernis des Flamands.

On fait dissoudre du mastic en larmes dans de l'esprit de vin : cette opération préliminaire a pour objet de séparer de la résine les saletés qui s'y trouvent mêlées. La proportion de l'esprit de vin doit être telle qu'il s'élève au dessus du mastic d'environ le quart de son volume.

La dissolution doit se faire à une très douce chaleur : elle est louche, mais les impuretés ne s'en séparent pas moins et tombent en peu de temps au fond du vase. On accélérerait leur séparation en filtrant à travers un peu de coton.

La dissolution étant ainsi séparée de toute saleté, on y ajoute un huitième de belle cire blanche, et on fait fondre le mélange au bain-marie. Lorsqu'il est fondu, on le verse dans une cuvette remplie d'eau fraîche : alors on le pétrit avec deux petites spatules de bois, en évitant de le toucher avec les doigts, parce qu'il s'y attacherait comme de la glu, et on aurait beaucoup de peine à s'en débarrasser.

Dans cette opération, l'esprit de vin quitte la résine et la cire pour s'unir à l'eau, et la pâte se raffermit peu à peu, au point qu'après quelques instans on peut la manier avec les mains sans qu'elle s'y colle, pourvu qu'elles soient bien mouillées. On en forme des boules ou des rouleaux, que l'on peut conserver indéfiniment en les tenant à l'abri de la poussière.

Le mastic du commerce est quelquefois mêlé de sandaraque; mais on reconnaît aisément cette falsification au moment où on le malaxe dans l'eau froide. Comme l'esprit de vin, quoique étendu d'eau, retient la sandaraque en dissolution, il entraîne avec lui cette résine, qui, en se précipitant, rend l'eau laiteuse. Lorsque cela arrive, on lave le mastic jusqu'à ce que l'eau soit claire.

Pour se servir de cette préparation, on en prend une portion, que l'on fait fondre, à une douce chaleur, dans de l'huile blanche siccative. On met à peu près autant d'huile que de mastic; mais, pour s'assurer que la proportion est convenable, on prend un peu de cette pâte pendant qu'elle est encore liquide, et on la broie sur la palette : si on ne lui trouve pas le degré de ductilité ou de viscosité que l'on désire, on y ajoute ou de l'huile ou du mastic.

Comme cette préparation contient de l'huile siccative, il se forme bientôt une pellicule à sa surface : c'est pourquoi il convient de n'en fondre que la quantité que l'on peut employer en peu de jours, et de la conserver sous l'eau.

On peut aussi combiner le mastic et l'huile de la manière suivante :

Quarante grammes de vernis au mastic fait avec parties égales d'huile essentielle de térébenthine et de mastic;

Quarante grammes d'huile de noix ou de pavot blanchie au soleil;

Cinq grammes d'acétate de plomb (sel de Saturne) en poudre.

Après une légère ébullition au bain-marie, on verse ce mélange dans de l'eau pure, et on le bat pendant quelque temps en renouvelant l'eau. Le lavage dans l'eau a pour objet d'enlever la portion non combinée d'acétate de plomb.

Si l'on avait du mastic tellement choisi qu'il fût exempt de saletés, il serait inutile de le dissoudre dans l'esprit de vin ; on le ferait fondre de suite avec la cire, et on le pétrirait dans de l'eau froide.

Enfin, on pourrait également fondre le mastic dans de l'huile siccative blanche, laisser déposer toutes les parties terreuses, puis décanter et y ajouter un peu de cire.

Vernis des Anglais.

Si l'on mêle avec du vernis au mastic et à l'essence de térébenthine de l'huile siccative tenant de la litharge en dissolution, le mélange se prend immédiatement en gelée, qui a d'autant plus de consistance que l'huile a dissous plus de litharge, et le vernis plus de résine.

Cette gelée se maintient sur la palette, comme les couleurs, sans bouger de place.

La liquidité de ce vernis le rend particulièrement propre pour les glacis, parce qu'il s'étend sous le pinceau avec une extrême facilité.

Mais au lieu de se servir d'huile siccative noire, il vaut beaucoup mieux employer celle qui est préparée sans feu; il convient aussi que la dissolution de mastic soit très concentrée; car comme il se trouve une moindre proportion d'huile volatile par rapport à la résine, l'évaporation de cette petite quantité d'huile apporte moins de différence dans la liquidité du vernis : on peut, par conséquent, travailler plus long-temps sans que l'excès de viscosité rende l'exécution plus difficile.

Vernis huileux au copal.

Ce vernis est très anciennement connu, et probablement il aura été employé par plusieurs peintres italiens. Je présume qu'il l'a été par *Frà-Bartolomeo*, dont les tableaux sont remarquables par l'éclat de leurs couleurs. La préparation de ce vernis est ainsi décrite dans l'ouvrage déjà cité du moine *Théophile*.

« Mettez de l'huile de lin dans un petit pot de terre neuf, et ajoutez-y de la résine appelée *fornis* réduite en poudre impalpable. Cette résine ressemble à de l'encens très transparent, mais elle est plus brillante dans sa cassure. Placez le vase sur des charbons ardens, et faites digérer le mélange jusqu'à ce qu'il soit réduit d'un tiers. Prenez bien garde que la matière, en se tuméfiant, ne déborde, et qu'aucune flamme ne s'élève du foyer; car le feu se communiquerait instantanément à l'huile, et on aurait beaucoup de peine à l'éteindre.

» Toute espèce de peinture enduite de ce vernis devient très brillante et se conserve sans altération (1). »

AUTRE PROCÉDÉ.

« Disposez autour d'un brasier trois ou quatre pierres capables de résister à l'action du feu, et sur lesquelles vous placerez un pot de terre commune contenant la résine *fornis* ci-dessus mentionnée, et que les Romains appellent *glassa*.

---

(1) Pone oleum lini in ollam novam parvulam et adde gummi quod vocatur *fornis*, minutissimè tritum quod habet speciem lucidissimi thuris, sed cum frangitur fulgorem clariorem reddit. Quod cum super carbones posueris, coque diligenter sic, ut non bulliat, donec tertia pars consumatur; et cave à flamma quod periculosum est nimis et difficile extinguitur si accendatur. Hoc glutine omnis pictura superlinita lucida fit et decora ac omninò durabilis.

Couvrez ce pot avec un autre plus petit dont vous percerez le fond; lutez les deux vases bord à bord, de manière qu'aucune vapeur ne puisse s'échapper entre eux. Ayez une tige de fer recourbée et garnie d'un manche; avec cette baguette vous remuerez la résine, et vous pourrez reconnaître lorsqu'elle sera fondue. En même temps, faites chauffer, à part, de l'huile de lin, et versez-la peu à peu, bouillante, sur la résine, au moment où elle sera complétement fondue; ce que vous reconnaîtrez en retirant la tige de fer d'où elle découle en formant un fil. Remuez pour faciliter le mélange, et laissez encore quelque temps le vernis sur le feu. Faites-en plusieurs fois l'essai, en laissant tomber quelques gouttes sur du bois ou de la pierre, afin de juger s'il a la consistance convenable. Quant aux proportions à suivre dans cette préparation, la meilleure est une partie de résine et deux d'huile de lin. Enfin, lorsque l'huile vous paraîtra suffisamment cuite, retirez-la du feu et laissez-la refroidir (1). »

---

(1) Compone quatuor vel tres lapides qui possint ignem sustinere ità ut resiliant, et super ipsos pone ollam rudem et in eam mitte suprà dictum gummi *fornis*, quod *romana glassa* vocatur et super os hujus ollæ pone ollam minorem quæ habeat in fundo modicum foramen. Et circùm linies ei

On ne sait pas quelle espèce de résine *Théophile* a désignée par les mots *fornis* et *glassa romana* : ni l'un ni l'autre ne se trouvent dans nos glossaires; mais sous beaucoup de rapports, il n'est point de résine à qui sa description puisse mieux convenir qu'au copal. L'espèce que l'on tire de l'Amérique n'était pas connue du temps où vivait *Théophile;* mais on devait connaître le copal de l'Inde, et c'est encore de l'Inde que nous vient la plus grande partie du copal que l'on trouve dans le commerce. Les deux procédés indiqués peuvent être employés avec succès; toutefois je dois faire observer que la proportion d'une partie de résine contre deux d'huile donnerait un vernis

---

pastam ità ut nihil spiraminis inter ipsas ollas exeat. Habebis etiam ferrum gracile manubrio impositum, undè commovebis ipsum gummi et cum quo sentire possis ut omninò liquidum fiat. Habebis quoque ollam tertiam super carbones positam, in quâ sit oleum calidum et cum gummi penitùs liquidum fuerit ita ut extremo ferro quasi filum trahatur, infunde ei oleum calidum et ferro commove et iusimul coque ut non bulliat, et interdum extrahe ferrum et lini modice super lignum sive super lapidem ut probes diversitatem ejus, et hoc caveas in pondere ut sint duæ partes olei et tertia gummi. Cumque ad libitum tuum coxeris, diligenter ab igne removens et discoperiens refrigerari sine.

tellement visqueux qu'on ne pourrait l'employer qu'après l'avoir délayé dans une nouvelle quantité d'huile. S'il n'y a pas d'erreur dans le texte, il faut supposer qu'il n'y a qu'une portion de la résine de dissoute. Lorsque la totalité est combinée, il faut au moins quatre et même cinq parties d'huile contre une de copal.

Je pense aussi qu'en recommandant de ne pas faire bouillir l'huile, l'auteur a entendu de ne pas porter l'ébullition au point où, passant à l'état du gaz, l'huile se tuméfierait et sortirait du vase.

Le copal ne fond et ne se combine avec l'huile qu'au moment où celle-ci est en ébullition : c'est là le point qu'il faut saisir et ne pas dépasser, si l'on veut obtenir un vernis peu coloré. En opérant dans un matras de verre, on peut observer toutes les circonstances qui accompagnent l'opération : c'est aussi la voie la plus sûre pour réussir.

Que l'on prenne donc un matras de verre à col très court (1), et qu'on en remplisse le tiers seulement avec un mélange de cinq parties d'huile de

---

(1) Si le col était long, l'eau qui se dégage avec les vapeurs se condenserait, et, retombant dans le matras, occasionerait des explosions, qui sont toujours inquiétantes.

lin ou de noix, et d'une partie de copal réduit en poudre impalpable.

Pour manier commodément le matras et l'approcher du feu sans courir aucun risque, on l'attache par le col au bout d'un bâton terminé en fourche, au milieu de laquelle on le fixe solidement avec du fil de fer.

Ainsi, muni d'un manche de longueur suffisante, on tient le matras au dessus d'un fourneau rempli de charbons ardens, mais sans flamme, et l'on a soin de ne l'en approcher que graduellement.

Lorsque l'huile a acquis une chaleur supérieure à celle de l'eau bouillante, on voit le copal se gonfler et arriver à la surface du liquide. La température s'élevant progressivement, le volume de la résine augmente, et des vapeurs commencent à sortir du col du matras : peu à peu elles deviennent abondantes, au point de remplir la capacité du vase; l'huile se tuméfie comme le lait au moment de l'ébullition, et s'échapperait en écume si on n'éloignait un peu le matras. C'est à ce moment que le copal entre en fusion; l'huile, passant à l'état de vapeurs, a acquis alors le degré de chaleur nécessaire pour dissoudre la résine. En imprimant à la masse un petit mouvement de rotation, on fait bientôt disparaître les vapeurs blanches, ainsi que l'écume, et le feu qu'on aperçoit au travers du liquide bouillant indique que l'opération est achevée (1).

Lorsque le copal n'a pas été bien trituré, il reste des grumeaux provenant de quelques grains qui n'ont pu se fondre, à cause de leur grosseur. On peut les dissoudre en prolongeant l'ébullition ; mais le vernis se colore davantage en restant plus long-temps sur le feu : il serait donc à propos de passer à travers un tamis de soie le copal pulvérisé, ou, mieux encore, de le bien broyer avec l'huile, avant de le mettre dans le matras. Par ce moyen, la dissolution s'opérerait plus promptement, et le vernis serait moins coloré.

On pourrait placer le matras sur un bain de sable et l'y laisser, sans le remuer, jusqu'au moment où les vapeurs blanches en rempliraient l'intérieur, et où l'huile monterait en écume et serait prête à déborder ; mais l'opération serait plus longue, et il faudrait un feu très ardent pour amener le bain de sable au degré de chaleur convenable.

---

(1) Lorsque l'huile a été exposée assez long-temps au soleil, elle ne se tuméfie plus et ne produit plus d'écume. Si elle est devenue très visqueuse, il faut mettre six parties d'huile, autrement le vernis serait trop épais.

J'ai essayé de faire cette dissolution dans une capsule d'argent, et n'ai pu y parvenir. L'air extérieur refroidissait la résine, et faute d'une chaleur suffisante, elle s'est seulement ramollie en se colorant fortement (1).

Il est donc préférable d'employer un matras, dans lequel la chaleur est plus égale et plus élevée ; mais pour que l'opération présente moins de difficultés, je conseille de ne pas fondre à la fois plus d'une ou deux onces de copal. Si l'on voulait en fondre une ou plusieurs livres, il faudrait recourir au second procédé de *Théophile*, lequel, ainsi que je l'ai déjà fait observer, est le même que l'on suit encore aujourd'hui dans la préparation des vernis huileux, si ce n'est qu'au lieu de deux vases lutés bord à bord, on se sert d'un matras en cuivre, à large ouverture. Il est garni de deux anses, pour le transporter commodément, et sa pause est entourée d'une lame horizontale formant gouttière. Cette disposition est importante; car pour peu

---

(1) Je crois toutefois qu'on réussirait à dissoudre le copal réduit en poudre impalpable, en le projetant par petites portions dans l'huile bouillante, et attendant, pour en remettre de nouvelle, que la dissolution de ce qu'on a projeté soit opérée; mais le vernis fait de cette manière devrait être plus coloré.

qu'on néglige de remuer la matière en fusion, elle se boursoufle et déborde. La gouttière sert donc à prévenir l'inflammation.

On fond à la fois 5 à 6 livres de copal : d'habiles fabricans de vernis m'ont assuré que cette proportion est la plus convenable. Ils prétendent que si l'on n'en fondait qu'une livre, le vernis serait fortement coloré, et qu'il en serait de même si l'on voulait en fondre 10 livres. J'ai peine à croire qu'on ne parvienne, avec un matras de proportion convenable, à traiter avec succès une livre de copal.

Aussitôt que le copal commence à fondre, il se dégage du col du matras des vapeurs blanches, qui deviennent de plus en plus abondantes. On remue avec une baguette de fer très mince, pour empêcher que la résine fondue ne se boursoufle et ne sorte du vase, et pour accélérer la fusion en renouvelant les surfaces. On reconnaît qu'elle est achevée lorsqu'on ne sent plus de morceaux non dissous, et qu'en retirant la baguette la résine en découle en gouttes, qui se succèdent rapidement et tombent sans former de fils.

Alors on verse sur cette matière liquéfiée la proportion convenable d'huile de lin bouillante; on la verse très lentement, et en remuant, pour l'incorporer au fur et à mesure : précaution nécessaire, parce que la température de l'huile bouillante étant inférieure à celle de la résine fondue, celle-ci perdrait sa liquidité si l'on versait toute l'huile à la fois, et l'union serait incomplète.

Lorsqu'on a opéré le mélange de l'huile en remuant avec la baguette, on la retire et on laisse tomber sur un morceau de verre une goutte de ce vernis. La parfaite transparence de la goutte indique que l'union des deux matières est intime. Si elle est louche, on laisse le matras sur le feu, jusqu'à ce que la goutte d'essai soit transparente; ce qui arrive un peu plus tard, mais le vernis est alors plus coloré.

Dès qu'on a terminé le mélange de l'huile, il ne reste plus qu'à ajouter de l'essence de térébenthine, pour donner au vernis le degré de liquidité convenable. Pour cela, on retire le matras, après avoir couvert son orifice avec un linge, pour arrêter l'expansion des vapeurs huileuses, dont l'odeur est fort désagréable, et on laisse refroidir la dissolution pendant quelques minutes, afin de ne pas donner lieu à l'inflammation de l'huile volatile.

Les fabricans de vernis fondent ordinairement le copal en plein air, par précaution contre les accidens du feu, auxquels on est très exposé dans cette opération. Il ne faut qu'une étincelle, lancée du fourneau, pour enflammer la vapeur qui sort en abondance du matras. Quand cela arrive, on étouffe la flamme avec un linge humide, que l'on a soin d'avoir à portée de la main. Il serait mieux d'avoir un couvercle garni de quelques doubles d'étoffe de laine. Ce couvercle, muni d'un manche, pourrait être appliqué en un instant sur le matras.

Mais ces accidens n'arriveraient jamais, si le fourneau était construit de manière qu'il ne pût y avoir de communication entre le foyer et la vapeur, et si l'on employait l'appareil très simple qu'un de nos premiers fabricans de vernis a fait exécuter d'après l'idée que je lui en avais donnée. Cet appareil, non seulement éloigne tout danger du feu, mais il détruit encore la mauvaise odeur.

Il se compose d'un tuyau en tôle ou en cuivre, d'environ 2 pieds, qui entre dans le col du matras, et dont l'extrémité supérieure est fermée par une toile en fil de fer. Les vapeurs passent sans obstacle à travers cette toile ; on les enflamme, et elles brûlent comme le gaz hydrogène dans les lampes.

L'extrémité du col du matras, dans lequel entre le tuyau, est rétrécie, et présente la forme du goulot d'un bocal. Sur le plan incliné, qui forme le rétrécissement et supporte le goulot, est un trou, une tubulure, que l'on ferme avec un bouchon de liége, et qu'on débouche à volonté, de temps en temps, pour remuer la résine avec la baguette de fer.

Ce même fabricant, opérant en plein air, et voyant que le vent éteignait la flamme, a imaginé de substituer au tuyau droit, garni d'une toile métallique à son extrémité, un tuyau recourbé qui descend jusqu'à terre. Les vapeurs se condensent dans ce tuyau, qu'il refroidit aisément, et il recueille par la distillation l'huile volatile du copal, qui pourra peut-être, étant rectifiée, recevoir quelque utile application.

De cette manière, il a rempli parfaitement le double but qu'il s'était proposé : il prévient les accidens du feu, et il empêche la mauvaise odeur de se répandre au loin. Sous le rapport de la sûreté et de la salubrité, il est bien à désirer que nos fabricans de vernis abandonnent la méthode barbare qu'ils suivent généralement, et adoptent cet appareil, qui est encore susceptible de perfectionnemens.

On recommande d'opérer la fusion du copal à un feu très vif. En effet, la résine étant un mauvais conducteur, le calorique ne pénètre que lentement au centre de chaque morceau : alors la portion fondue se roussit d'autant plus, qu'elle reste exposée plus long-temps à l'action du calorique. Toutefois, à la fin de l'opération, il ne faut pas que le feu soit trop vif, la trop grande élévation de température occasionerait le boursouflement de la matière : c'est pourquoi il convient que le fourneau soit disposé de manière qu'on puisse, à volonté, modérer l'action du feu, ou même (ce qui est facile) intercepter sa communication avec le matras.

On aurait le vernis le moins coloré, si l'on pouvait, à mesure que le copal entre en fusion, retirer la portion fondue et l'incorporer de suite avec l'huile. On obtiendrait ce résultat, au moyen d'un appareil assez ingénieux que *Tingry* a proposé, toutefois dans une autre vue, et dont l'idée première se trouve dans le *Traité des vernis* du *P. Bonnani*, qui déclare la tenir d'un Allemand (1).

Cet appareil se compose d'un fourneau cylindrique en terre ou en fonte, percé au pourtour de trous convenablement disposés pour l'introduction de l'air nécessaire à la combustion.

---

(1) *Trattato sopra la vernice detta communemente Cinese*..... dal *Filippo Bonanni* della compagnia di *Gesù*

Cet ouvrage a été traduit en français, et la traduction a le mérite très rare d'être exacte.

6.

Au fond de ce fourneau est une ouverture circulaire, dans laquelle doit entrer un creuset de forme conique.

Ce creuset est ouvert par les deux bouts, et le bout supérieur est destiné à recevoir un couvercle, qui le fermera exactement.

On place dans ce creuset un sac de toile métallique, de même forme conique, mais plus petit, afin qu'il ne puisse toucher la paroi en aucun point. On le fixe, à l'aide de crochets en fil de fer qui le tiennent suspendu. Ce sac est rempli de morceaux de copal de la grosseur de petites noisettes.

On ferme ensuite le creuset avec son couvercle, que l'on fixe solidement avec du fil de fer, et on le lute avec de l'argile et du sable.

Le creuset étant ainsi disposé, on le place dans le fourneau de manière qu'il bouche exactement l'ouverture dans laquelle il est engagé. On met le fourneau sur un trépied, et on entoure le creuset de charbons allumés. Le calorique pénètre bientôt le creuset et atteint le copal, qui, à mesure qu'il fond, coule et tombe dans un vase contenant l'huile de lin bouillante, avec laquelle on l'incorpore en remuant avec une tige de fer.

Mais en même temps que les gouttes de copal tombent, il sort du creuset des vapeurs abondantes, qui, étant attirées vers les ouvertures par où l'air entre dans le fourneau, s'enflammeraient avec rapidité, si on n'interceptait pas leur communication.

On peut l'intercepter en mettant sur le trépied une large tôle percée d'un trou, du diamètre du creuset, dont l'extrémité inférieure sort du fourneau, et en dirigeant les vapeurs dans un canal particulier. On arrivera plus simplement au même résultat, en garnissant avec une toile métallique les trous par où l'air entre dans le fourneau : l'inflammation des vapeurs n'aura lieu qu'au delà de la toile métallique.

Comme le copal ne se combinerait pas avec l'huile, si l'huile n'était pas bouillante, il faut avoir soin de la faire chauffer d'avance; car, du moment que le fourneau est allumé, le copal ne tarde pas à fondre.

Quant à la proportion de l'huile, on la détermine d'après l'espèce de vernis que l'on veut faire. Quatre ou cinq parties d'huile de lin contre une de résine donneront un vernis que l'on pourra mêler avec les couleurs, et qui les rendra plus onctueuses et plus brillantes sans que leur dessiccation soit plus rapide. Veut-on avoir un vernis plus siccatif, on ne mettra d'abord que deux parties d'huile, le vernis sera visqueux au point de ne pouvoir être employé; mais avant qu'il soit refroidi, on y ajoutera deux autres parties d'huile siccative blanche, qu'on fera chauffer au même degré de température avant d'en opérer le mélange.

Enfin, si l'on veut un vernis propre à être appliqué sur des tableaux après leur complète dessiccation, on ne mettra qu'une partie d'huile contre deux de copal, et on délaiera ensuite ce vernis dans la quantité d'essence de térébenthine nécessaire pour le rendre suffisamment fluide.

L'huile de lin, même lorsqu'elle est très limpide, contient encore un peu de mucilage, dont il convient de la débarrasser, pour avoir de beau vernis. On y parvient en l'exposant pendant quelques semaines à un soleil ardent (1).

On emploie de l'huile siccative pour les vernis que l'on délaie dans l'essence de térébenthine, et comme il faut que cette huile soit bouillante, il y a quelques précautions à prendre pour qu'elle ne soit pas trop colorée. Il conviendrait donc de

---

(1) On peut accélérer considérablement le blanchîment de l'huile, en l'exposant en couches minces sur des assiettes de faïence. Cinq ou six jours d'exposition produisent autant d'effet sur l'huile ainsi disposée, que six mois sur la quantité contenue dans une bouteille de pinte.

la faire cuire d'abord à un feu très doux, avec un seizième seulement de litharge bien broyée, puis de la filtrer. Lorsque l'huile est séparée de la litharge non combinée, on peut la faire bouillir sans qu'elle se colore davantage.

Vernis pour les tableaux.

On est dans l'usage de préparer ce vernis, en faisant dissoudre du mastic dans de l'essence de térébenthine, et ajoutant à la dissolution une certaine quantité de belle térébenthine. Cette huile, très visqueuse, donne du brillant au vernis; mais, ainsi que je l'ai déjà fait observer, ce brillant est peu durable; les vernis qui contiennent un excès de cette huile ne sèchent qu'à leur superficie, et font gercer les tableaux. Il est donc préférable de n'en pas mettre du tout, et d'augmenter la dose de mastic. On peut adopter la proportion suivante :

<blockquote>
100 grammes de mastic,
200 grammes d'essence de térébenthine.
</blockquote>

Il est toujours mieux de n'employer que du mastic bien choisi; cependant comme les corps étrangers qui le salissent ne sont pas dissolubles dans l'essence, ils ne peuvent colorer le vernis. Ils se séparent d'eux-mêmes, et la dissolution devient transparente par le repos : d'ailleurs on peut la filtrer dans un entonnoir dont on garnit le fond avec un peu de coton.

On facilite la dissolution du mastic en le broyant; mais si le mastic est récolté depuis peu, et si la température est élevée, la trituration présente quelques difficultés; la résine se ramollit par la percussion, au lieu de se réduire en poudre. On a conseillé dans ce cas de mettre quelques morceaux de verre dans le mortier.

Mais le mastic fond si aisément que la trituration n'est pas nécessaire. La dissolution s'en opère en un instant, à la seule chaleur de l'eau bouillante. Elle se fait même à froid, en assez peu de temps, et si on emploie l'action du soleil, on obtient un vernis incolore (1).

Dans le cas où la proportion de deux parties d'essence de térébenthine et une de mastic produiraient un vernis trop épais, il est toujours facile de le rendre aussi léger qu'on voudra, en ajoutant un peu plus d'essence.

---

(1) Si on fait la dissolution à la chaleur du soleil, il faut que le mastic soit en poudre, et ne mettre l'essence que par petites portions, en remuant avec une spatule, à chaque fois, jusqu'à ce que sa combinaison avec le mastic soit opérée.

Le vernis au copal pourrait être substitué avec avantage, pour la première couche, au vernis au mastic; sa grande dureté défendrait la peinture contre les nettoyages, et lorsque le tableau serait parfaitement sec, on appliquerait une nouvelle couche de vernis au mastic, que l'on enleverait dans la suite, à volonté, sans courir le risque d'enlever les glacis.

Mais comme le vernis au copal est toujours un peu ambré, beaucoup de peintres répugneront à l'employer, tant qu'on ne parviendra pas à l'obtenir aussi peu coloré que celui au mastic. Je ne crois pas que cela soit impossible; je suis parvenu, en suivant la méthode de *Réaumur*, à dissoudre à froid du copal tendre, et à obtenir un vernis qui n'était pas plus coloré que le vernis au mastic. Il était plus long à sécher; cependant il pouvait être appliqué avec succès sur les tableaux.

Cette méthode consiste à ne mettre le dissolvant que peu à peu, attendant toujours, pour en ajouter une nouvelle portion, que les premières soient absorbées.

Réaumur se servait d'huile d'aspic, qui a, sur le copal, plus d'action que n'en a l'essence de térébenthine; mais comme cette huile est plus grasse, et qu'elle s'évapore moins promptement, je ne m'en suis servi que pour ramollir le copal; j'ai terminé l'opération avec l'essence de térébenthine.

Voici le procédé que j'ai employé :

J'ai réduit en poudre très fine du copal tendre, et l'ai broyé dans un mortier de porcelaine avec un peu d'huile volatile de lavande, la plus pure que j'ai pu me procurer. Le copal a bientôt été ramolli et a formé une gelée épaisse. Je l'ai laissé reposer un jour, en le triturant pendant cet intervalle plusieurs fois. Le lendemain, j'ai ajouté quelques gouttes d'essence de térébenthine, et j'ai trituré pour opérer la combinaison. J'ai continué ainsi jusqu'à ce que la dissolution fût complète, ce qui a duré trois semaines en été.

J'ai aussi employé l'éther pour commencer la dissolution, et j'ai continué avec de l'essence de térébenthine.

On abrégerait l'opération en la faisant à une température un peu plus élevée; mais, dans ce cas, il faut toujours ne mettre le dissolvant que goutte à goutte : car, au moment même où la dissolution est presque terminée, si l'on ajoutait quelques gouttes d'huile de trop, non seulement elles ne se combineraient pas, mais il se ferait instantanément une séparation de l'huile et de la résine. Quand cela arrive, il faut retirer l'huile et la remettre de nouveau par petites portions.

J'ai substitué l'huile volatile de romarin à celle d'aspic, et je suis parvenu beaucoup plus promptement à opérer la dissolution du copal, surtout en y ajoutant de l'esprit de vin. Cette huile est plus siccative et conviendrait davantage à la préparation des vernis ; son odeur est, à la vérité, tellement pénétrante, qu'on se décidera difficilement à l'employer. Mais, ainsi que je l'ai dit à l'article de cette huile, il est possible d'enlever cette odeur.

CHAPITRE III.

DE L'EMPLOI DU VERNIS DANS LA COULEUR.

Des quatre vernis dont j'ai décrit la préparation, celui du copal me paraît mériter la préférence (1). Il donne aux couleurs beaucoup de transparence et d'éclat, et quoiqu'il sèche assez lentement pour laisser tout le temps que peut exiger l'exécution la plus soignée, la couleur sèche complétement et acquiert une très grande dureté.

Il est vrai qu'il ne se maintient pas sur la palette comme les trois autres vernis ; mais on peut l'empêcher de couler, en y mêlant un peu de mastic et de cire, ou du blanc de baleine. On verra, au chapitre suivant, qu'il y a quelques pré-

---

(1) Ainsi que j'en ai déjà fait l'observation, c'est ce vernis que *Prudhon* employait dans les dernières années de sa vie. Son tableau représentant un Christ en croix et que possède le Musée est peint avec ce vernis. On pourra, dans la suite, voir l'effet qu'il aura produit.

cautions à prendre lorsqu'on l'emploie dans les glacis.

Au surplus, le choix de ces vernis dépend de leur destination et de l'habitude que chaque peintre peut avoir contractée de travailler avec des couleurs plus ou moins liquides, plus ou moins onctueuses.

Veut-on peindre au premier coup sur une surface extrêmement lisse, il faut, pour que la peinture puisse y adhérer, que le vernis dont on enduira cette surface soit extrêmement visqueux. On ne pourra l'appliquer qu'avec une brosse des plus fermes, et même il faudra l'étendre avec le pouce; mais aussi il happera la couleur et la rendra onctueuse au point qu'une nouvelle couche n'enlevera jamais la couleur déjà appliquée.

S'agit-il de glacer une grande partie dans un tableau, il faut alors que le vernis s'étende facilement sous le pinceau; il doit donc être plus liquide sans cependant couler au delà de la place où il est appliqué : l'expérience aura bientôt fait connaître celui que l'on doit choisir. Quel qu'il soit, on le rendra toujours plus solide, en le mêlant avec le vernis au copal.

Les peintres même les plus habiles n'ont pas tous une exécution facile. Quelques uns peuvent, comme *Léonard de Vinci*, le *Domniquin*, ou

Rembrandt, être obligés de revenir bien des fois sur leur ouvrage. Ceux qui éprouvent de semblables difficultés d'exécution doivent avoir l'attention d'employer, dans leurs premières préparations des couleurs très siccatives; car plus les couleurs sèchent lentement, plus elles sont susceptibles de recevoir d'altération.

Lorsqu'on ne peint pas au premier coup, et lors même qu'on est obligé de revenir plusieurs fois sur les parties importantes, il ne faut pas employer de vernis dans l'ébauche, et n'en mettre que très peu lorsqu'on commence à terminer : c'est au fini qu'il importe de donner aux couleurs toute la transparence et tout l'éclat dont elles sont susceptibles; c'est surtout alors qu'il est nécessaire de prévenir les embus. Or, pour que les couleurs sèchent complétement non seulement à l'extérieur, mais à l'intérieur des couches, il est avantageux de peindre sur des fonds en détrempe (1).

---

(1) Voyez le chapitre V, *De la préparation des panneaux et des toiles.*

§ Ier.

DES GLACIS.

L'effet des couleurs appliquées en glacis est tel qu'il est impossible d'en produire un semblable avec des couleurs de pâte. Les glacis forment une série particulière et très distincte de couleurs, sans lesquelles il est impossible d'imiter les objets transparens. C'est à ces moyens de transparence que la peinture à l'huile doit principalement sa supériorité sur la détrempe; mais comme il s'en faut de beaucoup que l'on puisse égaler la transparence de la nature, il convient de ménager ses ressources, en ne négligeant pas le secours de l'opposition des couleurs mates. Sous ce rapport, on peut reprocher à l'École flamande d'avoir quelquefois employé mal à propos les couleurs transparentes, d'avoir glacé des parties qui eussent produit plus d'effet en restant opaques. Que l'on suppose, par exemple, une eau limpide auprès d'un rocher ou d'une terre aride, il est évident que plus les corps opaques qui l'environnent seront peints avec des couleurs mates, plus une pareille opposition fera ressortir la transparence des glacis employés pour rendre la limpidité de l'eau.

Un glacis n'est parfaitement exécuté qu'autant qu'il produit sur la peinture qu'il recouvre l'effet d'un vernis coloré. Or, pour atteindre à cette perfection, il faut que le vernis soit bien préparé, qu'il s'étende facilement sous le pinceau sans couler hors de la place où il est appliqué : il faut surtout que les couleurs soient broyées au dernier degré de ténuité (1). En remplissant ces conditions, les couleurs opaques, telles que le vermillon, les oxides de fer, le jaune de Naples même, peuvent être employées en glacis, et elles produisent alors des teintes qu'il serait impossible d'obtenir autrement.

Il est toujours mieux d'appliquer le glacis sur la peinture aussitôt qu'elle est suffisamment sèche, pour ne pas être détrempée. Alors il fait corps avec la couleur du dessous, et court moins le risque d'être enlevé dans l'opération du nettoyage; mais cela n'est pas toujours possible : il y a des glacis qui tiennent à l'accord général du tableau, et qu'on ne peut mettre qu'au moment où il est presque terminé.

Quant aux glacis dans la pâte, dont on voit de

---

(1) La parfaite trituration des couleurs en augmente la transparence et l'éclat.

fréquens exemples dans *Rubens*, et qui sont les plus solides, ils ne peuvent s'exécuter que par touches et lorsque les couleurs sur lesquelles on les applique sont devenues assez visqueuses pour ne pas être enlevées par un coup de pinceau.

Il arrive souvent, lorsque les parties que l'on veut glacer sont très sèches, que le glacis n'y adhère pas et produit l'effet de l'eau sur un corps gras : cet inconvénient a lieu surtout lorsqu'on emploie le vernis au copal. Il faut, dans ce cas, commencer par laver avec un peu d'eau et d'esprit de vin la place que l'on veut glacer; mêler ensuite quelques gouttes d'esprit de vin dans le glacis, ou bien tremper la brosse dans ce dissolvant. Avec ces précautions, le glacis prend partout sans faire épouver la moindre difficulté. On pourrait également appliquer d'abord une très légère couche du mélange d'huile siccative et de vernis au mastic décrit page 87.

L'effet des glacis dans la peinture est d'amollir l'exécution : c'est pourquoi, lorsqu'on veut qu'une partie destinée à être glacée ait de la fermeté, il faut exagérer cette fermeté en peignant dans la pâte. Toutefois il convient de remarquer que la mollesse n'est pas le résultat nécessaire de l'emploi des glacis, et les tableaux des grands maîtres des Écoles vénitienne et flamande le prouvent suffisamment.

Mais en glaçant, il est important de prendre en considération l'altération des huiles et des vernis. Ainsi qu'on va le voir dans le paragraphe suivant, c'est un effet inévitable qu'ils jaunissent plus ou moins avec le temps; il faut donc prendre des précautions pour que ce jaunissement soit le moins sensible (1) : c'est pourquoi lorsqu'on glace des parties très claires, sur lesquelles une faible nuance de jaune serait sensible, il faut qu'il y ait dans le glacis le moins d'huile qu'il est possible; il faut en outre que la teinte du glacis soit calculée sur l'effet du jaunissement. Je suppose donc que l'on veuille glacer une teinte d'ombre grise sur du blanc, il convient que cette teinte tire plutôt sur le violet que sur

---

(1) Plusieurs tableaux du *Titien* sont recouverts d'une teinte bistrée, produite par le jaunissement du vernis dont il s'est servi pour glacer. Cette altération ne se voit pas dans les tableaux de *Frà-Bartolomeo*, ce qui prouve qu'il employait de meilleur vernis ; elle ne se voit pas non plus dans les tableaux de *Rubens*. Il est possible qu'il ait composé ses teintes d'ombre avec un mélange d'outremer, de laque et de stil de grain jaune. La décoloration du stil de grain aura compensé le jaunissement de l'huile.

le roux, parce que le mélange du jaune et du violet produit la teinte grise de l'ombre.

§ II.

DE L'ACTION DE L'AIR ET DE LA LUMIÈRE SUR LES HUILES ET LES RÉSINES.

En décrivant les propriétés des huiles, j'ai fait observer que leur couleur plus ou moins jaune est due à une matière colorante qui, de même que celle de la cire, est détruite par l'action vive de la lumière; mais la cire, après avoir été blanchie, reprend une autre teinte jaune lorsqu'elle reste quelque temps dans un mauvais air, privée du contact de la lumière. Les huiles éprouvent une altération semblable : après avoir été blanchies, elles se *rancissent,* c'est à dire se colorent plus ou moins en jaune, suivant le lieu où elles sont exposées. Tous les corps gras sont sujets à ce *rancissement*. Les résines les moins colorées, telles que le mastic, la sandaraque, le copal (la plus dure de toutes), se trouvent, avec le temps, recouvertes à leur surface d'une couleur jaune, qui pénètre plus ou moins profondément, suivant leur nature et suivant le temps durant lequel elles sont privées de lumière, dans une atmosphère impure. L'ambre même, comme je l'ai déjà fait remarquer, brunit également avec le temps (1).

Cette altération des résines et des huiles doit être prise en considération, et l'on ne saurait commencer trop tôt à observer toutes les circonstances qui accompagnent le jaunissement des huiles et du vernis. Les expériences à faire pour arriver à les bien connaître ne présentent aucune difficulté, il ne faut qu'appliquer des couches peu épaisses d'huile et de vernis sur une impression en beau blanc de plomb, et sur des morceaux de verre ou de poterie blanche; puis en exposer une partie dans un lieu obscur, où l'air ne se renouvelle que difficilement, tandis que l'autre partie sera placée dans un endroit bien aéré et bien éclairé.

Il ne s'écoulera pas beaucoup d'années sans qu'on ait lieu de se convaincre que l'action combinée de l'air et de la lumière retarde considéra-

---

(1) On a un exemple bien frappant de l'altération des corps gras dans les papiers vernis ou huilés dont on se sert pour calquer. Au bout de quelques années, ils ont acquis une couleur d'un jaune brun très foncé. Toutefois, il faudrait examiner si, dans ce cas, il n'y a pas une combustion du papier occasionée par l'action du corps gras.

blement le jaunissement des huiles et des vernis, et que le vernis au copal, beaucoup plus dur que celui au mastic, se conserve aussi plus long-temps sans jaunir.

D'après ces observations, on devra conclure que l'on assurerait davantage la conservation d'un tableau, en le vernissant d'abord légèrement avec de beau vernis au copal, et appliquant ensuite sur ce premier vernis, lorsqu'il serait parfaitement sec, une couche de vernis au mastic. Celui-ci sera jaune au bout de quelques années; mais comme il s'enlève facilement, on pourra le renouveler quand il aura perdu sa transparence. Le vernis au copal, étant extrêmement dur, ne sera pas attaqué lorsqu'on enlèvera celui qui le recouvre : ainsi il préservera la peinture, et on risquera moins d'enlever les glacis en enlevant le vernis au mastic.

§ III.

DES GERÇURES ET DU MOYEN DE LES ÉVITER.

J'ai déjà fait observer que les gerçures ne sont pas toujours le résultat de l'emploi du vernis, et qu'elles ont lieu toutes les fois que les couches intérieures de la peinture conservent de la mollesse, tandis que la couche supérieure est sèche. Que l'on applique sur une toile une couche épaisse d'huile siccative, elle sera très promptement sèche à sa surface ; que l'on peigne ensuite sur cette couche avec du blanc de plomb, la couleur s'emboira bientôt, et séchera d'autant plus vite qu'une portion de l'huile qu'elle contenait la quittera pour s'unir avec l'huile siccative de la couche inférieure. Dans cet état de choses, si l'atmosphère est assez chaude pour que la couleur se dilate, la couche de blanc se fendillera (1).

Pour éviter que cela n'arrive, il faut avoir soin de n'ébaucher qu'avec des couleurs qui sèchent facilement, et au lieu d'employer des terres bitumineuses, il vaut mieux se servir de noir de charbon, de terre d'ombre et d'oxide de fer. Si l'on emploie des laques, il convient de les faire broyer avec de l'huile siccative, et de les mêler avec de l'oxide violet de fer, du massicot, ou d'autres couleurs naturellement siccatives.

Les ébauches de plusieurs coloristes sont faites avec des couleurs transparentes et ressemblent

---

(1) Voyez au chapitre VI, *De la restauration des tableaux*, comment on peut remédier aux gerçures quand elles ne sont pas trop anciennes.

à des lavis. On ne peut disconvenir que cette méthode ne soit particulièrement favorable au coloris, c'était celle de *Rubens* et de l'École flamande : cependant *Titien, Corrége, Paul Véronèse, Rembrandt*, ont empâté leurs ébauches, et au moyen de glacis sont parvenus à obtenir autant de transparence qu'il y en a dans les tableaux de *Frà-Bartolomeo* et de *Rubens*, qui ébauchaient avec des lavis.

D'ailleurs il faut observer que les premiers peintres, qui conservaient dans leurs ébauches une extrême transparence, peignaient sur des panneaux apprêtés avec un enduit de plâtre éteint : or, si, comme *Paul Véronèse*, on peignait sur des fonds en détrempe, il n'y aurait pas à craindre l'accident des gerçures, puisque l'excès d'huile serait absorbé par la couleur de l'impression (1).

---

(1) Voyez au chapitre V l'article *De la méthode expéditive d'ébaucher sur des fonds en détrempe.*

CHAPITRE IV.

DE LA PRÉPARATION DES COULEURS.

JAUNES.

Chromate de plomb.

Cette couleur existe toute formée dans la nature; mais celle que le commerce nous procure aujourd'hui est un produit artificiel. Le chromate de plomb naturel était connu, depuis longtemps, sous le nom de *Plomb rouge de Sibérie*, lorsqu'en 1797 M. *Vauquelin* en fit l'analyse et trouva que c'est une combinaison d'oxide de plomb et d'un métal acidifiable, auquel il donna le nom de *chrôme*, à cause des couleurs variées que prennent les différens composés dont il fait partie.

En effet, le chromate de plomb est jaune, le chromate de mercure est rouge, et celui d'argent pourpre; enfin l'oxide de chrôme est une couleur verte, précieuse pour la porcelaine et les émaux, par la raison qu'elle supporte une très haute température sans beaucoup d'altération.

Le plomb rouge, objet de l'analyse de M. *Vauquelin*, n'a encore été trouvé qu'en Sibérie; et même il y est tellement rare, que le beau travail de notre savant chimiste eût été peu profitable à la peinture, si l'on n'eût découvert en France un minérai contenant une proportion considérable d'oxide de chrôme mêlé avec de l'oxide de fer. On en a également trouvé aux États-Unis, dans le Mariland, et c'est de Baltimore que vient en grande partie celui du commerce.

On prépare le chromate de plomb avec ce minérai, en acidifiant d'abord l'oxide de chrôme et combinant en même temps l'acide avec la potasse, puis décomposant le chromate de potasse avec un sel de plomb soluble.

Pour cela, on mêle une demi-partie de nitrate de potasse avec une partie du minérai contenant l'oxide de chrôme; on calcine ce mélange dans un creuset fermé, et on lave ensuite à l'eau chaude la matière calcinée; on filtre la lessive, et on la verse dans une dissolution d'acétate ou de nitrate de plomb (1). Il ne reste plus qu'à laver le précipité.

---

(1) Le nitrate de plomb donne de plus beaux jaunes.

Suivant que le chromate de potasse est à l'état neutre ou de sous-chromate, suivant que la précipitation est faite à chaud ou à froid, la teinte de la couleur varie depuis le jaune serin clair jusqu'au jaune orangé.

Cette couleur n'est pas solide : elle l'est d'autant moins qu'elle contient davantage d'oxide de plomb. En peu d'années, elle perd son éclat et devient semblable à l'ocre jaune ; cependant, lorsqu'elle est mélangée avec de l'alumine, elle reste brillante beaucoup plus long-temps. Je crois que le mélange d'alumine, de silice et de chromate de plomb pourrait supporter un certain degré de feu, et que la couleur à demi vitrifiée ne serait pas altérable.

Jaune minéral (sous-chlorure de plomb).

Cette couleur est une combinaison de plomb et de chlore, on la prépare de diverses manières. Le procédé suivant de M. le comte *Chaptal* est un des plus anciennement connus.

On prend quatre parties de litharge, que l'on réduit en poudre impalpable et que l'on arrose avec une partie de sel marin dissous dans quatre parties d'eau.

On forme d'abord une pâte de légère consistance, et on la laisse reposer jusqu'à ce qu'on aperçoive qu'elle commence à blanchir : alors, avec une spatule de bois, on la remue bien, afin qu'elle n'acquière pas trop de dureté.

A mesure que la consistance augmente, on verse de nouvelle dissolution de sel, et si la proportion indiquée ci-dessus est insuffisante, on ajoute de l'eau pour maintenir la pâte dans le même état.

Au bout de vingt-quatre heures, cette pâte doit se trouver très blanche, bien liée et sans grumeaux : on continue encore de la remuer de temps en temps, pour achever la décomposition.

On lave soigneusement jusqu'à ce qu'on ait enlevé la soude qui se trouve séparée du sel marin, et on met la pâte blanche à égoutter sur un filtre.

Lorsqu'elle est sèche, on la réduit en poudre, et on l'expose dans une capsule à un feu de réverbère, jusqu'à ce qu'elle ait pris la couleur jaune que l'on désire : alors on verse cette poudre dans un creuset, que l'on a fait préalablement rougir ; on la remet dans le fourneau, où on ne la laisse que le temps nécessaire pour la fondre ; et aussitôt qu'elle est fondue, on la verse dans une capsule de fer. Lorsqu'elle est refroidie, elle forme une masse cristalline, composée de stries transversales.

J'ai vu pratiquer en Angleterre le procédé suivant.

On décompose de l'acétate de plomb (du sel de Saturne) par de l'hydrochlorate de soude (du sel marin). Le chlore, ainsi que dans l'opération précédente, est séparé de la soude, et forme une nouvelle combinaison avec le plomb. On lave soigneusement *ce chlorure de plomb*, et lorsqu'il est séché, on le mêle avec une certaine proportion de litharge pulvérisée, on le fond rapidement, et on le verse dans une capsule de fer. Comme l'action plus ou moins prolongée du feu change la nuance de la couleur, on entretient le feu au même degré de chaleur; on fait rougir les creusets d'avance, et on ne les laisse que le même espace de temps.

Dans le procédé suivant, il entre du bismuth et de l'antimoine, ce qui doit rendre la couleur plus solide.

On broie séparément, pour en faire ensuite un mélange exact,

3 parties de bismuth,
24 de sulfure d'antimoine,
64 de nitrate de potasse,

On introduit peu à peu ce mélange dans un creuset chauffé, et, après l'avoir fondu, on projette cette matière dans un vase rempli d'eau, où on la délaie, en remuant pendant le temps nécessaire.

On lave par décantation jusqu'à ce que l'eau n'ait plus de saveur; on filtre, et on sèche l'oxide obtenu sous la forme d'une poudre fine, d'un jaune sale.

Cela fait, on mélange un huitième de partie de cet oxide, bien desséché, avec une partie de muriate d'ammoniaque et seize parties de litharge très pure.

On procède ensuite pour la fusion comme dans le procédé anglais, et si l'on veut obtenir la même nuance, il faut avoir soin que le degré de chaleur et la durée de l'opération soient absolument les mêmes.

Il est bon d'observer que les meilleurs creusets ne peuvent soutenir plus de trois ou quatre opérations, et que si on les laissait au feu plus long-temps qu'il n'est nécessaire pour la fusion, ils seraient bientôt percés.

Le jaune minéral n'était pas connu il y a cinquante ans. Cette couleur n'est pas solide à beaucoup près comme le jaune de Naples; mais, attendu que, dans son altération, elle ne fait que pâlir, elle peut être employée avec le jaune de Naples et avec les ocres.

Jaune de Naples.

La découverte de cette couleur doit remonter à une haute antiquité, à l'époque de la fabrication des émaux. Les Italiens lui ont donné le nom de *Giallolino* : *Cennino Cennini* la désigne sous ce nom ; *Paul Lomazze* l'appelle *Giallolino di Fornace, di Fiandra e di Allamagna ;* mais probablement, lorsque les Français ont commencé à faire usage de cette couleur, on la tirait de Naples, où elle pouvait alors être mieux préparée que partout ailleurs.

On trouve dans les *Mémoires de l'Académie des sciences*, année 1772, le procédé suivant, communiqué par M. *Fougeroux de Bondaroy* :

  12 onces de céruse,
  2 onces de sulfure d'antimoine,
  $\frac{1}{2}$ once d'alun calciné,
  1 once de sel ammoniac.

« On réduit ces matières en poudre, on les mêle exactement, et on les place dans une capsule de terre réfractaire, que l'on recouvre d'un couvercle de même matière. On met cette capsule dans un four à potier, ou bien on calcine à un feu doux d'abord, qu'on augmente peu à peu, de manière à faire rougir médiocrement la capsule. Il faut au moins trois heures de feu pour que la calcination soit achevée.

» Il résulte de cette opération une espèce de fritte d'un jaune doré : on la met dans l'eau pour enlever les sels solubles qu'elle contient, et on la broie : cette trituration la fait pâlir considérablement. On a répété ce procédé sans succès. »

M. *Fougeroux* a traduit par le mot *alun* l'expression italienne, qui, dans la recette qu'on lui a donnée, était sans doute celle-ci : *allume di fecia* (alun de lie de vin), c'est à dire sel de tartre. Il s'est en outre trompé, en indiquant du sulfure d'antimoine, c'est de l'oxide d'antimoine qu'il faut employer.

Dans un *Recueil de divers procédés d'arts*, imprimé à Venise en 1758, on a publié un Mémoire de *Passeri* sur *la fabrication de la faïence* : dans ce Mémoire, il est question de la composition du jaune de Naples.

On le prépare, suivant cet auteur, avec

    1 livre d'antimoine,
    1 livre et demie de plomb,
    1 once de sel commun,
    1 once de tartrite de potasse (1).

---

(1) Allume di fecia.

Passeri fait observer qu'en variant les proportions de ces matières, on obtient des jaunes de teintes plus ou moins dorées. Dans quatre des six recettes qu'il donne, il n'y a pas de sel marin. L'addition de ce sel doit rendre la couleur plus claire et moins dorée, parce qu'il se produit une certaine portion de sous-chlorure de plomb (*jaune minéral*) qui éclaircit la teinte dorée qu'aurait la combinaison des oxides de plomb et d'antimoine.

Il faut observer que, dans la préparation du jaune de Naples, il est important que le plomb et l'antimoine soient à l'état d'oxide. On les mélange intimement en les broyant ensemble et les passant au tamis de soie; on en applique une couche de deux travers de doigt d'épaisseur dans un plat de faïence non vernissé, on le couvre et on le met dans un four de potier, à l'endroit le moins chaud, afin d'éviter la fusion et la désoxidation du plomb.

Le jaune employé dans la peinture en émail se rapproche beaucoup du jaune de Naples; il n'est composé que d'oxide d'antimoine et d'oxide de plomb. En variant les proportions et la durée de l'exposition au feu, on obtient des nuances différentes.

M. *Guimet*, à qui la peinture est redevable de

l'outremer artificiel, m'a envoyé un échantillon de jaune d'antimoine, d'une belle teinte dorée, plus intense que celle du jaune de Naples. Il s'est assuré de la solidité de cette couleur.

Il la prépare de la manière suivante :

> 1 partie d'antimoine diaphorétique (*antimonite de potasse*) parfaitement lavé,
> 2 parties de minium pur.

On mélange avec soin, en broyant sur un marbre les matières, à l'état de pâte; on dessèche, on réduit en poudre et on expose à une chaleur rouge modérée, pendant quatre ou cinq heures, en ayant soin de régler la température de manière que son élévation ne puisse amener la désoxidation de l'antimoine et du plomb.

Il pense que l'oxide antimonieux (*le deutoxide d'antimoine*) et l'oxide de plomb pourraient seuls produire un jaune aussi intense. La potasse ne lui parait avoir d'autre action que d'oxider complétement l'antimoine ; ce qui est indispensable au succès de l'opération.

Iodure de plomb.

Cette couleur, qui n'est pas encore répandue dans le commerce, a l'éclat de l'orpin et du chromate de plomb. On la croit plus solide; mais il n'y a que l'épreuve du temps qui puisse garantir sa solidité.

On la prépare en précipitant avec l'hydroiodate de potasse une dissolution d'acétate ou de nitrate de plomb. Le nitrate produit un jaune plus brillant.

Ocres.

Les ocres sont des hydrates de fer, c'est à dire des composés d'eau et d'oxide de fer, contenant, pour la plupart, en proportions plus ou moins considérables des terres diverses avec lesquelles elles se trouvent mélangées et quelquefois même combinées.

Plus il y a de terres mélangées, plus les ocres sont claires. Celles qui contiennent de l'argile sont grasses au toucher, et ont plus de corps que celles qui sont mêlées de craie et de silice.

Les ocres jaunes deviennent rouges par la calcination ; les ocres brunes, lorsqu'elles sont pures, produisent le plus beau rouge.

L'ocre de *ru*, que l'on prononce et que l'on écrit mal à propos *rue*, tire son étymologie du vieux mot *ru* (ruisseau), sans doute parce que cette ocre était recueillie dans des dépôts formés par des ruisseaux d'eaux ferrugineuses.

Au feu, elle prend une couleur rouge-brune, moins brillante que celle des oxides de fer; ce qui prouve qu'elle contient quelques débris de substances végétales ou de matières bitumineuses.

La terre de Sienne est une ocre brune qui, par la calcination, ne produit qu'un rouge modéré : par conséquent elle doit contenir quelques substances qui empêchent le développement de la couleur violâtre que prend le fer oxidé au maximum.

On peut préparer artificiellement des ocres, soit en faisant rouiller du fer, soit en précipitant par des alcalis des dissolutions de ce métal. Par exemple, en précipitant, par le sous-carbonate de soude ou de potasse du muriate, du nitrate, de l'acétate de fer, ou du sulfate au maximum (*du persulfate*) de fer, on obtient des ocres brunes très brillantes. Si le sulfate de fer est au minimum d'oxidation, le précipité est alors olive; mais il devient bientôt jaune à sa surface, en absorbant une plus grande quantité d'oxigène. Il ne faut donc, pour faire prendre cette couleur à toutes les parties du précipité, que les exposer à l'action de l'air, en agitant la masse pendant un temps suffisant.

On obtiendrait aussi le même résultat sans aucune peine, en hiver, en exposant à la gelée ce pré-

(116)

cipité bien lavé et étendu en couches minces : l'eau, en passant à l'état de glace, laisse dégager une petite quantité d'air, qui se porte sur le précipité et suffit pour le rendre jaune dans toutes ses parties.

Si l'on voulait avoir des ocres claires, il faudrait mettre de l'alun en certaine proportion avec du sulfate de fer, on pourrait alors précipiter la dissolution par de l'eau de chaux (1); mais l'on trouve dans le règne minéral des ocres si belles, et qui n'exigent d'autre préparation qu'un lavage facile à exécuter, que ce n'est guère la peine d'en faire d'artificielles (2).

On voit, par les anciens tableaux, combien les ocres sont solides. Dans une boîte de couleurs

---

(1) Il en faudrait alors une quantité prodigieuse, car l'eau ne dissout qu'un cinq-centième de chaux.

(2) Je ne crois pas qu'une ocre artificielle, ne contenant que de l'oxide de fer, de l'acide carbonique et de l'eau, soit aussi solide qu'une ocre naturelle, qui contient, en outre, de la chaux, de la silice et de l'alumine combinées. Je me fonde sur ce qu'on peut observer de l'action de l'eau et de l'air sur le fer. Le lendemain d'une journée pluvieuse, le fer des roues des voitures est couvert d'une rouille d'un jaune clair très brillant. Au bout de peu de jours, cette rouille est d'un jaune brun, et avec le temps elle devient rouge.

trouvée à Pompeia, et que M. le comte *Chaptal* fut chargé d'analyser, il remarqua de l'ocre jaune, purifiée par le lavage, qui avait conservé tout son éclat.

Orpin ou *orpiment*.

L'orpin était connu des anciens, les Latins l'appelaient *auripigmentum* (couleur d'or), d'où l'on a fait le mot *orpiment*.

C'est un sulfure d'arsenic, qui se trouve tout formé dans la nature, et que l'on prépare aussi artificiellement.

Il y a deux sulfures d'arsenic résultant des proportions différentes des composans. Si la proportion de soufre est plus forte que celle de l'arsenic, le produit est d'un jaune clair très brillant; si au contraire l'arsenic prédomine, la couleur est orangée : on l'appelle alors *orpin rouge* ou *réalgar*.

Les deux espèces d'orpins ont été employées dès les premiers temps de la peinture, et l'on ne dut pas tarder à s'apercevoir que ces couleurs ne peuvent être mélangées avec le blanc de plomb, ni avec aucune des couleurs dans lesquelles il entre du plomb, telles que le massicot, le minium, le muriate, le chromate de plomb, le jaune de Naples.

Le soufre combiné avec l'arsenic, ayant avec ce métal moins d'affinité qu'avec le plomb, l'abandonne et forme un sulfure de plomb, qui est gris-noirâtre (1).

Mais l'orpin peut être employé seul ou avec les ocres et quelques couleurs qui n'ont pas d'action sur lui, comme la terre verte et l'outremer. Je ne doute pas que les jaunes très brillans qui se voient dans quelques anciens tableaux ne soient faits avec de l'orpin.

L'orpin rouge, comme nous le verrons à son article, n'a pas la même solidité.

Sulfure de cadmium.

Les chimistes qui ont préparé cette couleur l'ont annoncée comme très solide. J'ignore si on l'a combinée avec le blanc de plomb. Il est à craindre que, dans ce mélange, le soufre n'abandonne l'iode pour s'unir au plomb. Si cette décomposition n'a pas lieu, ce serait une découverte précieuse, malheureusement le cadmium est jusqu'à présent très rare en France; mais on

---

(1) Il est probable que l'orpin s'empare en même temps de l'oxigène du plomb; ce qui serait une nouvelle cause du noircissement de la teinte composée de deux couleurs.

peut en découvrir, comme on a découvert du chromate de fer.

Le sulfure de cadmium est, à ce qu'on assure, déjà employé en Allemagne, et l'on en trouve ici chez les principaux fabricans de produits chimiques.

JAUNES TIRÉS DES VÉGÉTAUX.

Gomme-gutte.

C'est une gomme-résine qui découle d'un arbre appelé *cambogium* ou *caracapulli*, qui croît aux Indes. Elle se délaie dans l'eau et fournit à l'aquarelle un jaune très brillant.

Cette couleur, qui résiste long-temps à l'action de la lumière, pourrait s'employer à l'huile, si l'on en séparait la partie résineuse.

L'alcool dissout cette partie résineuse, mais il dissout en même temps la matière colorante : il est probable qu'en le laissant pendant un certain temps sur de la gomme-gutte en poudre, la plus grande partie de la matière colorante se déposerait, et que toute la résine resterait unie à l'alcool.

Jaune indien.

Depuis quelques années, les Anglais nous envoient une laque jaune brillante, et qui est même plus solide que la plupart des laques de cette couleur. Un savant naturaliste qui a voyagé dans l'Inde m'a dit que cette couleur est préparée à Calcutta par un Anglais qui cache soigneusement ses procédés; mais notre savant a découvert que la matière colorante de cette laque est extraite d'un arbuste appelé *memecylon tinctorium*, dont les feuilles sont employées par les Indiens pour teindre en jaune. D'après l'odeur d'urine de vache que cette couleur exhale, il est probable que cette urine est employée pour extraire la teinture du mémécylon.

Laques jaunes.

Les laques et les stils de grain jaunes sont des teintures extraites de divers végétaux et fixées sur une base qui sert de mordant, telle que l'alumine, ou un mélange de craie et d'alumine.

La laque de gaude est une des plus solides : sa couleur tire un peu sur le vert, et par conséquent est fort bonne pour faire des verts brillans.

Dans le cas où elle aurait principalement cette destination, il faudrait précipiter la matière colorante avec l'acétate de cuivre, ou bien teindre un précipité d'acétate de cuivre avec une décoction de gaude. On a remarqué que les sels de cuivre sont les mordans les plus solides qu'on puisse employer en teinture.

ORANGÉS.

Chromate orangé de plomb (sous-chromate de plomb).

Cette couleur est moins brillante que le minium et que l'orpin rouge (le réalgar); elle est plus solide que le chromate jaune. Toutefois, les huiles ont trop d'action sur les oxides de plomb, pour que cette couleur soit parfaitement solide : on ne doit donc l'employer qu'avec précaution à des draperies où l'altération de la couleur peut n'être pas d'une grande importance.

Massicot (protoxide de plomb).

Le massicot que l'on trouve chez les marchands de couleurs n'est autre chose que de la céruse plus ou moins calcinée; ce qui le fait distinguer en clair, jaune et doré.

Le véritable massicot est un oxide de plomb au premier degré (un protoxide). Sa couleur est d'un jaune orangé très terne.

Dans la préparation du minium, on calcine le plomb dans un four à réverbère, et on obtient un mélange de massicot et de plomb plus ou moins divisé. On sépare ces deux matières par la trituration et la lévigation. Le massicot, étant beaucoup plus léger, reste en suspension dans l'eau : on le décante, on le laisse déposer; on le recueille ensuite et on le fait sécher. Voilà le massicot véritable; mais on ne le trouve point chez nos marchands de couleurs, il ne se trouve que chez les fabricans de minium. Cependant il pourrait être employé avec avantage dans la préparation de l'huile siccative, il produirait l'effet de la litharge très divisée.

Il pourrait même être employé comme couleur par les peintres. Sa teinte n'est pas brillante; mais comme il est plus siccatif que le blanc de plomb, il pourrait lui être substitué dans les mélanges avec les couleurs qui sèchent difficilement, telles que les laques et les terres bitumineuses.

Minium.

Un degré de plus d'oxidation transforme le massicot en minium. On prépare cette couleur, en grand, en calcinant le massicot dans des fours à réverbère. Parvenu au rouge obscur, il devient pourpre ; mais cette couleur, due à la chaleur, disparaît en refroidissant.. Lorsque la calcination du massicot est à ce point, on ferme la porte des fours, mais non pas hermétiquement, afin que l'air puisse y rentrer. Le massicot, refroidissant très lentement, absorbe l'oxigène de l'air, et prend une couleur orangée, d'autant plus belle que le refroidissement a été plus lent.

Si au lieu de massicot on fait calciner de la céruse, on obtient ce qu'on appelle de la mine orange : c'est toujours un minium, d'une teinte plus claire et plus brillante (1).

---

(1) Le minium était connu des anciens sous le nom de *cerusa usta*. Il a été employé dès les premiers temps de la peinture à l'huile ; mais on voit qu'il a beaucoup perdu de son éclat. J'ai eu occasion d'observer l'action de la lumière directe sur le minium. J'ai vu à une exposition un tableau dont une draperie peinte avec du minium fut en peu de jours considérablement altérée par le soleil.

Orpin rouge (réalgar).

Nous avons vu, à l'article *Orpin*, que dans les combinaisons du soufre et de l'arsenic, lorsque le métal domine, le sulfure est orangé : cette couleur paraît moins solide que l'orpin, car dans les tableaux de fleurs où elle a été employée, elle paraît avoir mangé la couleur de l'impression; peut-être cette altération n'aurait pas lieu sur une couleur qui ne contiendrait pas de plomb, telle que l'ocre jaune.

ROUGES.

Carmin.

Le carmin est une combinaison formée par la portion la plus brillante de la matière colorante de la cochenille, unie à une matière animale et fixée sur une base acide (1).

---

(1) MM. *Pelletier* et *Caventou* ont fait sur la cochenille une suite d'expériences qui les a conduits à en séparer la matière tinctoriale pure, à laquelle ils ont donné le nom de carmine. (*Annales de chimie et de physique,* tome VIII, page 250.)

On le prépare de différentes manières. On a publié un grand nombre de recettes, mais qui se rapportent toutes à l'un des trois procédés suivans.

Premier procédé. On fait bouillir, dans de l'eau de rivière ou de pluie, une livre de cochenille réduite en poudre, et pour mieux dissoudre la matière colorante, on ajoute à l'eau 4 à 5 gros de sous-carbonate de soude et de potasse.

Après un quart d'heure d'ébullition, on projette dans la décoction 8 ou 10 gros d'alun en poudre, et on remue avec une spatule ou un gros pinceau ; on retire la chaudière du feu, on laisse reposer la dissolution environ une demi-heure, et le liquide, tiré à clair, est réparti dans des assiettes bien nettes, où on le laisse à l'abri de la poussière pendant sept à huit jours ; on décante ensuite, et on trouve le carmin déposé au fond de chaque assiette ; il ne reste plus qu'à le faire sécher.

Deuxième procédé. J'ai vu préparer très rapidement du carmin par le procédé suivant, que l'on croyait pouvoir tenir secret en déguisant quelques unes des matières employées ; mais en décrivant ce qui s'est passé sous mes yeux, il sera facile de suppléer les détails que l'on m'a cachés.

On fit bouillir une livre de cochenille dans une bassine de cuivre étamée, qui contenait environ deux seaux d'eau. Après un quart d'heure d'ébullition, on ajouta environ 2 gros d'un sel qui avait l'aspect de la crème de tartre, et qui aviva le bain, comme l'aurait fait cette substance (1).

On retira la bassine du feu, on filtra à travers un tamis de soie; ensuite on versa sur cette teinture, tirée à clair, une liqueur dans laquelle on avait mêlé un peu de carmin, sans doute pour déguiser sa couleur véritable.

L'addition de cette liqueur changea instantanément en couleur de sang très brillante la décoction, qui jusque-là avait été d'un cramoisi terne; on fouetta le mélange pendant quelques instans avec un faisceau de verges d'osier, et on le versa sur un filtre de toile serrée.

Le carmin resta sur le filtre, j'en pris un peu pour l'essayer, et le trouvai très beau.

Il me paraît évident que la liqueur que l'on versa sur la décoction de cochenille contenait du nitro-muriate d'étain, qui change instantanément en écarlate la teinture cramoisie de la cochenille.

---

(1) Ce pouvait être de l'oxalate acidule de potasse (du sel d'oseille).

Je présume qu'elle contenait aussi de l'alun; et comme la réunion de ces deux sels produit une teinte blanchâtre, qui eût fait reconnaître la présence de la dissolution d'étain, on l'avait masquée en y ajoutant un peu de carmin.

Troisième procédé. On fait bouillir une livre de cochenille en poudre dans une chaudière contenant quatre à cinq seaux d'eau de rivière; on y ajoute 3 gros et demi de sous-carbonate de potasse. L'ébullition est accompagnée d'effervescence, que l'on apaise avec un peu d'eau fraîche et en remuant avec un gros pinceau.

Après quelques minutes d'ébullition, on retire la chaudière et on la place sur une table, en l'inclinant de manière à pouvoir transvaser le bain commodément.

On projette 6 ou 8 gros d'alun en poudre sur la décoction, et on la remue avec le pinceau pour opérer la dissolution. La couleur change aussitôt et devient d'un rouge foncé : c'est ce que les fabricans appellent faire revenir le carmin.

Au bout de quinze à vingt minutes, la cochenille est entièrement déposée au fond de la chaudière, et le bain est clair comme si on l'eût filtré. Il contient la matière colorante et un peu d'alumine en suspension.

On décante dans une chaudière d'égale capacité, et on la met sur le feu, en y ajoutant 3 gros et demi de colle de poisson dissoute dans un litre d'eau et passée au tamis : on remue bien avec un pinceau propre, et on laisse ensuite la chaudière sans y toucher, jusqu'à ce que les premiers signes de l'ébullition se manifestent.

A ce moment, on voit le carmin monter à la surface du bain et une espèce de coagulum se former, comme dans les clarifications par le blanc d'œuf.

On retire alors la chaudière, on remue avec le pinceau pendant quelques instans, et au bout de vingt minutes ou d'une demi-heure au plus, le carmin est déposé au fond de la chaudière : on décante et on verse le dépôt sur un filtre de toile serrée.

Pour préparer la colle de poisson et rendre sa dissolution plus facile, on la coupe par petits morceaux, et on la laisse tremper dans un verre d'eau pendant une nuit. Le lendemain, on la trouve prodigieusement gonflée; on la réduit alors aisément en gelée, en la triturant dans un mortier de verre ou de porcelaine; on verse dessus de l'eau bouillante, et elle est fondue au même instant.

Cette recette, qui est la meilleure que je connaisse, se trouve dans beaucoup d'ouvrages; mais, au lieu de colle de poisson, on prescrit l'emploi du blanc d'œuf étendu d'eau, et dans quelques unes même on conseille d'y mêler le jaune.

Le carmin n'est guère employé dans la peinture à l'huile, si ce n'est par les peintres de fleurs. Il est fort brillant; mais il ne résiste pas long-temps à l'action d'une lumière vive. Son principal emploi est dans la peinture au lavis et pour colorier les fleurs artificielles.

On le falsifie quelquefois en y mêlant du vermillon. Il est aisé de vérifier cette frelaterie en le dissolvant dans l'ammoniaque, qui n'a d'action que sur le carmin. La dissolution ammoniacale du carmin donne une encre rouge très brillante, qui est bonne à employer lorsqu'elle est devenue inodore.

Le résidu du bain de cochenille est employé à faire des laques. (*V*. ce mot.)

Cinabre.

Le cinabre est aussi appelé vermillon, du nom italien *vermiglio* (petit ver), donné à la couleur du kermès (*coccus ilicis*), employé dans la teinture écarlate, avant que la découverte de l'Amérique eût fait connaître la cochenille.

Le cinabre est une combinaison intime de mercure et de soufre (un sulfure de mercure). Il se trouve tout formé dans les mines de mercure; mais celui que l'on emploie dans la peinture est un produit de l'art.

En Allemagne et en Hollande, on prépare le cinabre en faisant fondre une partie de soufre, à laquelle on ajoute peu à peu six ou sept parties de mercure. Le mélange devient noir et porte le nom d'éthiops ou de sulfure noir de mercure; on réduit ensuite ce sulfure en poudre, et on le fait sublimer dans des vaisseaux appropriés à cette opération : on obtient ainsi une masse cristallisée en aiguilles brillantes et d'une couleur violâtre. En la triturant, elle produit une poudre d'un rouge écarlate.

La trituration seule ne suffit pas pour donner une couleur brillante au cinabre. On emploie, dans les manufactures, divers procédés d'avivage qui ne sont pas bien connus. Quelques fabricans le broient sous l'eau ou sous l'urine, et le font ensuite bouillir pendant quelque temps; d'autres le traitent par l'acide nitrique; mais aucun des procédés suivis jusqu'à ce jour pour aviver le cinabre obtenu par sublimation ne lui donne l'éclat du vermillon de la Chine, qui parait préparé par la voie humide.

Bucholz en a obtenu de très beau en faisant

digérer sur un bain de sable une partie de fleur de soufre, quatre de mercure, et trois de potasse fondue dans six parties d'eau. Il se forme d'abord du sulfure noir, et après une digestion prolongée, la couleur rouge se développe.

On peut abréger considérablement l'opération, en n'ajoutant la solution de potasse que par petites portions, pour donner au mélange la consistance d'une bouillie liquide. On en remet à mesure qu'elle s'évapore, et on facilite la combinaison et l'évaporation, en remuant continuellement avec un tube de verre.

Il n'est pas nécessaire d'avoir une quantité de potasse déterminée, on place près de la capsule une solution de potasse en plus grande quantité qu'il ne faut, et on en prend à mesure avec une cuiller.

En deux heures de temps, on peut, par ce procédé, convertir en vermillon plusieurs livres de mercure.

Plus on prolonge l'action du feu, plus le vermillon prend une teinte carminée. Si on veut l'avoir d'une nuance claire, il faut modérer le feu au moment où la couleur se développe.

Il est très dangereux de respirer les vapeurs mercurielles, c'est pourquoi il ne faut faire cette opération que sous une cheminée qui tire bien (1), et adapter au tube de verre, avec lequel on remue le mélange, un bâton d'une longueur suffisante pour se tenir éloigné de la capsule ; on allonge de même la cuiller avec laquelle on verse la solution de potasse.

Lorsque la couleur est parvenue au point désiré, on jette le vermillon dans un tonneau rempli d'eau, et on le lave jusqu'à ce qu'on ait enlevé tout le sulfure de potasse.

L'avantage de ce procédé est de produire, en peu de temps, du vermillon dans un état convenable de division, et de lui donner la nuance que l'on veut. La parfaite ressemblance du résultat obtenu par ce procédé avec le vermillon de la Chine, sous le rapport de la couleur comme sous celui de la finesse du grain, me fait présumer que le procédé suivi par les Chinois dans la préparation de leur cinabre diffère peu de celui que je viens de décrire.

---

(1) On pourrait se servir de l'appareil que M. *d'Arcet* a fait construire dans plusieurs ateliers de doreurs, pour mettre les ouvriers hors de l'atteinte des vapeurs mercurielles.

Deuto-iodure de mercure.

L'iode, qui est un des élémens de cette couleur, est un corps simple, comburant comme l'oxigène, et dont la découverte a été faite il y a environ dix-huit ans, en traitant par l'acide sulfurique les eaux-mères de la soude de varec. Son nom lui vient de ce qu'à l'état de gaz il prend la plus belle couleur violette.

Il est solide à la température ordinaire; il a l'éclat métallique et ressemble à la plombagine. Il se volatilise à la chaleur de l'eau bouillante.

Combiné avec le deutoxide de mercure, il donne lieu à une couleur écarlate, plus brillante que le vermillon. J'ai fait, il y a quelques années, l'essai de cette couleur; au bout de quelques mois, elle devint jaune; mais on m'a assuré que d'autres essais faits postérieurement ont donné des résultats plus satisfaisans. Peut-être la couleur qui m'avait été donnée n'était pas préparée avec le soin convenable. J'ai fait un nouvel essai, qui, depuis dix-huit mois, n'a pas reçu d'altération considérable; mais d'après un espace de temps aussi court, on ne peut rien inférer sur la solidité de cette couleur. Les Anglais la vendent maintenant sous le nom de *scarlet,* parmi leurs tablettes de couleur préparées pour l'aquarelle.

Le procédé suivant est un des meilleurs pour préparer le deuto-iodure de mercure.

On forme d'abord une combinaison d'iode et de zinc (un hydriodate de zinc); pour cela, il faut réduire le zinc en poudre, soit en le versant dans l'eau lorsqu'il est fondu, soit en le triturant dans un mortier lorsqu'il est prêt à fondre : alors il a perdu sa cohésion, et on le divise aisément.

On met cette poudre de zinc dans un matras avec de l'iode et de l'eau distillée, et à l'aide d'une chaleur modérée, l'iode se combine avec le zinc et forme avec ce métal un hydriodate que l'on filtre.

D'autre part, on dissout dans de l'eau distillée de l'hydrochlorate de mercure (du sublimé corrosif), et on mêle les deux liqueurs. Il se forme aussitôt un précipité abondant, qu'on lave d'abord avec de l'eau distillée, et ensuite avec de l'eau de rivière filtrée.

Le lavage de cette couleur est d'une grande importance, il ne saurait être fait avec trop de soin. Probablement le premier échantillon que j'ai essayé, et qui s'est décoloré si promptement, n'avait pas été suffisamment lavé.

Laque.

Ce mot, dans l'origine, a dû désigner exclusivement la couleur pourpre, le cramoisi, et quand il est employé seul il n'a pas d'autre acception; mais, par extension, on l'a appliqué à toutes les couleurs préparées par la combinaison de la matière colorante d'une teinture avec une base, qui est ordinairement de l'alumine : ainsi on dit de la laque jaune, verte, violette, etc.

Le mot laque paraît être d'origine indienne, ou appartenir à quelqu'une des langues orientales. Il est assez probable que les premières laques employées en Europe venaient de l'Inde et provenaient de la résine-laque, très abondante dans ce pays, et de laquelle on retire une matière colorante pourpre, fort recherchée aujourd'hui pour la teinture, par la raison que, dans beaucoup de circonstances, elle remplace la cochenille avec avantage. Les Anglais, qui l'ont importée les premiers, l'appellent *lac-lac* ou *lac-dye*, noms que le commerce a adoptés (1).

Les Indiens recueillent cette résine, la concas-

---

(1) Voyez, page 52, l'article de la *Résine-laque*.

sent et la font bouillir dans une eau légèrement alcaline, qui dissout la matière colorante. Ils précipitent cette dissolution avec de l'alun, et font sécher le précipité, après lui avoir donné la forme de tablettes : c'est du moins sous cette forme que l'on trouve le plus souvent cette couleur dans le commerce.

La couleur de la laque indienne n'a pas autant d'éclat que celle de la cochenille; mais elle doit être plus solide, si l'on en juge par la plus grande solidité de la teinture qu'elle fournit. Il est donc assez probable que les laques peu brillantes, employées dans les premiers temps de la peinture à l'huile, et qui se sont bien conservées, étaient venues de l'Inde; cependant, de très bonne heure, on a su faire des laques en Italie, et il en est fait mention dans les plus anciens écrivains, dans *Cennino Cennini*, *Armenini* et *Paul Lommazzo*. *Néri*, qui publia son traité *Dell' arte vetraria*, en 1612, a décrit la manière dont on préparait, de son temps, les laques de bois de Brésil, de kermès et de garance.

La laque de bois de Brésil est très brillante; mais elle n'a point de solidité. Je suis porté à croire que, dans le tableau du *Titien*, représentant l'inhumation de *Jésus-Christ*, la draperie de *Joseph d'Arimathie* a été peinte avec de la laque de bois de Brésil. Il ne paraît pas probable que *Titien* ait préféré à une teinte brillante la teinte sale que nous voyons aujourd'hui : son tableau aurait plus d'éclat sans être moins harmonieux, si le rouge de la draperie ressemblait à celui des belles laques.

Le kermès, cité par *Néri* au nombre des matières colorantes avec lesquelles on prépare de la laque, est un gallinsecte de forme hémisphérique, qui se nourrit sur un très petit chêne assez commun dans le midi de la France et dans les parties méridionales de l'Europe.

Avant la découverte de la cochenille, on employait le kermès pour teindre en pourpre, en cramoisi, et les plus anciennes tapisseries des fabriques d'Arras, dans lesquelles les rouges conservent encore de l'éclat, nous prouvent la solidité de la teinture du kermès : il est donc à présumer qu'on peut obtenir une belle laque avec cette teinture. Je l'ai essayé sans succès, je n'ai obtenu qu'un cramoisi sale; mais je n'ai suivi aucun des deux procédés de *Néri* : le second, surtout, qui consiste à dissoudre la partie colorante du kermès avec de l'esprit de vin faible, tenant un peu d'alun en dissolution, et à précipiter cette teinture par une dissolution concentrée d'alun, doit produire une laque brillante violâtre (1).

---

(1) Voici le procédé de *Néri*.

Prenez de l'eau-de-vie faible (la première qui passe dans la distillation), mettez-la dans une bouteille, et faites-y fondre une livre d'alun réduit en poudre.

Mettez dans cette solution une once de kermès réduit en poudre et passé au tamis. Remuez bien, laissez infuser pendant quatre jours, et décantez.

Faites fondre 4 onces d'alun dans de l'eau commune, et versez cette eau d'alun dans le vase contenant la teinture de kermès; puis filtrez.

Si l'eau sort du filtre un peu colorée, elle passera sans couleur en la remettant de nouveau sur le filtre.

Piglia acqua vite di prima passata; e in un fiasco di essa metti libbra una di allume di rocca bene polverizzato che vi si disffaccia tutto, poi metti oncia una di Chermisì polverizzato e tamigiato come sopra in tutto, e per tutto, e tutta questa materia sia in boccia di vetro con collo largo, e agita bene il vaso, che l'acqua vite si colorirà maravigliosamente, lassa stare per quattro giorni, poi vota questa materia in una catinella pulita invetriata, poi piglia oncie quattro di allume di rocca, e solvilo in acqua commune, e questa buttalla soppra la catinella di acqua vite tinta di Chermesì, e questa buttala sopra la calza, che stia sospesa sopra una catinella, come si è detto nell'altra Lacca con la cimatura, l'acqua vite colerà della calza, e quando passasse alquanto colorita, falla passare un'altra

L'emploi de la cochenille par les teinturiers européens ne dut avoir lieu que plusieurs années après la conquête du Mexique, en 1521, car les conquérans ne songèrent d'abord qu'à exploiter les mines d'or, et nullement à rechercher les productions profitables à l'industrie de leur pays. Lors donc qu'on voit dans un tableau du XVe. siècle et du commencement du XVIe. des couleurs pourpres brillantes, on doit supposer qu'elles ont été produites par une laque de garance, la plus solide de toutes les couleurs végétales.

Cette laque était connue des anciens. *Pline* rapporte qu'on préparait le *purpurissimum* en teignant avec la garance une terre blanche appelée *creta argentaria*. M. le comte *Chaptal* ayant été, en 1809, chargé d'analyser plusieurs couleurs trouvées à Pompeia, eut occasion d'en examiner une d'un beau rose incarnat. Il reconnut bientôt que c'était une laque, et d'après la par-

---

volta che passerà chiara; questa Lacca si cavi della calza, con mestolini di legno puliti, e si metta a seccare in pezze di lino sopra mattoni come l'altra lacca in tutto, e per tutto, che si averà lacca di Chermesino bellissima, con poca fatica e in maggior quantità assai, tutto provato in Pisa. (Neri, *Dell' arte vetraria,* cap. cxvi.)

faite ressemblance de sa couleur avec les belles teintes roses de nos toiles peintes, il jugea que cette laque antique devait avoir été extraite de la garance.

PROCÉDÉS POUR PRÉPARER LES LAQUES.

Les fabricans de laque commencent par préparer ce qu'ils appellent le *corps blanc des laques*, c'est à dire une pâte d'alumine pure, ou d'alumine et de craie, sur laquelle la matière colorante se fixe plus ou moins solidement.

Pour cela, on fait fondre de l'alun et on précipite cette solution avec du sous-carbonate de soude ou de potasse (1). Il faut à peu près trois parties de bonne potasse pour décomposer cinq parties d'alun; mais il est facile de s'assurer si la totalité de l'alumine est précipitée sans qu'il y ait excès d'alcali. Lorsque le précipité est tombé au fond du vase, on met dans deux verres un peu de la liqueur surnageante. Dans l'un, on verse quelques gouttes de solution de potasse, et dans l'autre un peu d'eau d'alun : si la décomposition

---

(1) La soude est préférable, il en faudrait quatre parties et demie pour saturer les cinq parties d'alun.

est parfaite, il ne doit se faire de précipité dans aucun des deux verres.

Le dépôt de l'alumine étant formé, on décante le liquide et on lave le dépôt à grande eau, jusqu'à ce que l'eau du lavage n'ait plus aucune saveur. On l'étend ensuite sur un filtre de toile pour le faire égoutter, et lorsqu'il est en consistance de pâte molle, on délaie cette pâte dans une décoction chaude de cochenille, où elle se colore plus ou moins, en raison de la qualité et de la proportion de la matière colorante contenue dans la décoction : il ne reste plus qu'à séparer la laque du liquide excédant, à la laver, à la faire égoutter sur un filtre, puis à la mettre en trochisques, et à la faire sécher à l'ombre.

Comme, dans la préparation du carmin, on ne retire qu'une portion infiniment petite de couleur, et que la décoction dont elle est extraite reste chargée d'une très grande quantité de matière colorante, on ne fait pas de décoction de cochenille exprès pour faire de la laque, on y emploie les résidus de la préparation du carmin.

Ce procédé de fabrication est fondé sur l'affinité particulière de l'alumine pour les matières colorantes végétales et animales : on sait que l'alun est un des meilleurs mordans employés, dans la teinture, pour fixer les couleurs sur les étoffes : on peut donc teindre l'alumine non seulement en pourpre, mais en toute autre couleur. Ainsi, pour préparer des laques jaunes, il ne faut que fixer sur l'alumine, ou sur une base alumineuse, la matière colorante de la gaude, du quercitron, de la graine de Perse, et de la multitude de substances végétales qui peuvent servir à teindre en beau jaune.

Il est bon d'observer que, dans la préparation des laques jaunes, la pureté de l'alun est une condition essentielle de la bonté du produit; car une très petite quantité de fer suffit pour altérer la couleur, et la majeure partie des aluns du commerce contient du fer.

Pour les laques communes, pour le stil de grain de Troyes, on n'emploie pas de l'alumine pure. *Le corps blanc* de ces laques n'est autre chose que de la belle craie à laquelle on ajoute un peu d'alun.

L'alun seul peut former un précipité dans la plupart des décoctions de végétaux : ainsi on obtiendrait un précipité très intense en versant de l'eau d'alun dans une décoction de gaude; mais on précipiterait en même temps la matière gommeuse et mucilagineuse qu'elle contient en abondance.

Les laques brunes, les stils de grain d'Angleterre se font avec une décoction très concentrée de graine d'Avignon (*ramnus infectorius*), que l'on filtre, et à laquelle on ajoute une solution de sous-carbonate de soude, égale au quart du poids de la graine. On précipite cette teinture avec une solution d'alun, dans une proportion telle que l'alcali ne soit pas saturé à moitié. On laisse reposer le tout pendant vingt-quatre heures; on décante la liqueur surnageante, et comme elle contient encore beaucoup de matière colorante, on y ajoute de l'alcali en moindre quantité que la première fois, et l'on précipite de nouveau avec assez peu d'alun pour ne pas saturer l'alcali employé : on lave ensuite le précipité, afin d'enlever les sels qu'il contient.

On voit, par la description de ce procédé, qu'une des conditions essentielles est que l'alcali domine dans la décoction. C'est la prédominance de l'alcali qui fait virer au brun la couleur jaune de la graine d'Avignon. En suivant la même méthode on obtiendrait également une laque brune avec le bois jaune ou le quercitron : elle serait même plus solide.

Enfin on donnerait à ces stils de grain une teinte verdâtre en employant, au lieu d'alun, une dissolution de cuivre; et j'ai fait observer que les mordans de cuivre rendent les teintures très solides.

Les laques jaunes ont en général peu de solidité : aussi voit-on, dans plusieurs tableaux flamands, des feuilles d'arbres devenues bleues, parce que la laque jaune, mêlée à l'outremer, a disparu.

Rembrandt s'est beaucoup servi de stil de grain brun. La décoloration d'une pareille couleur, peinte dans la pâte, ne peut être sensible; il y a même quelque avantage à employer dans les ombres des couleurs végétales, qui perdent de leur vigueur à l'air, parce qu'elles sont transparentes, et qu'elles ne peuvent pousser au noir. Si on les mêle avec d'autres couleurs qui deviennent plus foncées avec le temps, il y a compensation.

Laque de garance.

La laque de garance est non seulement la plus solide des couleurs extraites des matières tinctoriales, elle est aussi celle qui donne les rouges les plus purs. J'ai déjà fait voir qu'elle était connue des anciens et qu'elle a dû être employée dès le XVe. siècle.

Pour préparer cette laque, *Néri* prescrit de teindre d'abord avec de la garance des tontures de laine, et lorsqu'elles sont chargées d'autant de teinture qu'elles peuvent en prendre, de les faire débouillir dans une lessive de cendres, puis de précipiter avec de l'alun la matière colorante contenue dans le débouilli.

Je crois qu'il y a erreur dans cette description. La matière colorante pourpre contenue dans la garance est très peu soluble dans les alcalis non caustiques, tels que celui d'une lessive de cendres : il faut faire l'inverse, c'est à dire dissoudre dans une solution d'alun la matière colorante contenue dans la teinture, et précipiter par un alcali. J'ai obtenu, par ce moyen, de la laque très brillante. Je pense aussi qu'en employant de la potasse caustique, on dissoudrait complétement la laine et avec elle la matière colorante (1).

Après l'importation de la cochenille en Europe, le carmin et les laques brillantes qu'on en obtient durent faire abandonner l'emploi de la laque de garance, dont la préparation présente beaucoup plus de difficultés ; aussi elle n'était plus connue

---

(1) J'ai lieu de croire que si on commençait par laver avec de l'eau acidulée la laine teinte, la lessive alcaline dissoudrait ensuite la matière colorante, surtout à l'aide de la chaleur.

lorsqu'en 1754 *Margraaf* trouva un procédé qu'il publia quelques années après, et que l'on a inséré depuis dans l'*Encyclopédie*.

Ce procédé consiste à extraire, au moyen d'une solution d'alun, la matière colorante de la garance, et à la précipiter par le sous-carbonate de potasse; à laver ensuite ce précipité avec de l'eau bouillante, afin d'en séparer la matière fauve qui s'y trouve mêlée et la ternit.

Pour ce lavage, *Margraaf* prescrit comme condition essentielle l'emploi de l'eau distillée : dès lors, son procédé n'est pas exécutable en grand. On pourrait, il est vrai, substituer à l'eau distillée de l'eau légèrement alcaline, qui dissoudrait la plus grande partie de la matière fauve sans attaquer sensiblement la couleur pourpre. J'en ai fait l'essai, et je suis parvenu à préparer, par cet avivage, une assez belle laque couleur de sang. Je suis même persuadé qu'on peut l'obtenir beaucoup plus belle : je ne l'ai pas cherché, parce que le procédé suivant m'a donné le moyen de préparer des laques d'un rouge pur, et qu'il ne présente d'autre difficulté que l'emploi d'une prodigieuse quantité d'eau.

Il est fondé sur la différence de solubilité de plusieurs matières colorantes, qui, dans la garance, sont réunies avec la couleur pourpre, et dont il faut la débarrasser si l'on veut obtenir cette couleur dans toute sa pureté.

Il y en a deux qui paraissent distinctes, l'une fauve et l'autre violette.

La première, qui est la plus abondante, se dissout aisément dans l'eau, et mieux encore dans une eau alcaline. La couleur pourpre n'est pas attaquée sensiblement, même à chaud, par les sous-carbonates alcalins, et elle est soluble dans de l'eau d'alun. Ces données indiquent un moyen de séparer le rouge pur de la couleur fauve, qui ternirait la laque.

Si l'on fait bouillir de la garance dans de l'eau tenant en dissolution du sous-carbonate de soude, on en extrait une grande quantité de couleur aussi intense et aussi brune qu'une forte décoction de café. Cette teinture ne paraît pas contenir de matière colorante pourpre, du moins le coton aluné n'y prend qu'une couleur nankin.

Si on lave ensuite cette garance sur un filtre, les premières eaux qui s'écoulent sont encore très colorées : cependant, à force d'eau, la teinte du liquide s'éclaircit; mais il en faut un volume prodigieux avant qu'elle sorte claire du filtre; et arrivée à ce point, si l'on emploie de l'eau chaude, elle dissout encore une grande quantité de matières colorantes fauves.

A mesure que cette matière est dissoute et entraînée par l'eau, le filtre se colore en violet et la garance prend une teinte violâtre. L'eau acidulée par l'acide muriatique dissout cette couleur, et fait virer la garance à la teinte orangée sale, qu'elle avait avant le lavage ; la liqueur, filtrée, est d'un jaune clair, et l'alcali en précipite une matière d'un violet peu brillant, semblable à la couleur que prend le coton dans un bain de garance lorsqu'au lieu d'alun on emploie pour mordant une dissolution de fer.

Dans ce précipité, la couleur violette est fixée sur une base calcaire provenant sans doute de l'eau employée dans le lavage, et en partie de la garance même.

Après avoir, à deux ou trois reprises, versé sur le filtre de l'eau acidulée, le liquide qui s'écoule, ne contenant plus de base calcaire, ne laisse plus rien précipiter par les alcalis ; mais sa couleur jaune est aussitôt virée en cramoisi plus ou moins foncé et brillant. L'alun y détermine un précipité violet.

Lorsqu'on a retiré par ces lavages la plus grande partie des matières fauves et violettes, si l'on verse sur la garance une solution chaude d'alun, on voit aussitôt filtrer une teinture écarlate très brillante, de laquelle les alcalis précipitent une laque rose, plus ou moins intense, suivant la proportion d'alun employée.

Il n'est pas nécessaire que la solution d'alun soit chaude; mais si on la verse froide, il faut vingt-quatre heures d'infusion pour qu'elle dissolve tout ce qu'elle peut dissoudre de la matière pourpre. On ne parvient pas, au moyen du lavage, à enlever complétement la matière fauve et autres; d'ailleurs elles sont solubles dans l'eau d'alun : c'est pourquoi les premières portions qui filtrent donnent la laque la plus brillante, et si l'on range les précipités d'après l'ordre d'écoulement des liquides dont on les a retirés, les derniers de la série seront les plus pâles et les plus altérés par le mélange de la matière fauve.

D'après cet exposé, il semble que rien ne soit plus facile que de préparer en grand de belles laques de garance, et qu'il suffise d'établir un filtre d'une capacité telle qu'on puisse laver à la fois beaucoup de garance jusqu'à ce qu'elle soit dégagée des différentes matières qui peuvent ternir la laque.

On serait bientôt arrêté par une difficulté dont il est important d'être prévenu. La garance contient une telle quantité de matière gommeuse et sucrée, que la première teinture qui s'en dégage se prend en gelée, si elle n'est étendue de beaucoup d'eau. L'écoulement se ralentit à mesure du refroidissement du liquide, et s'arrête enfin totalement.

On prévient cet engorgement du filtre en versant d'abord la décoction sur une toile serrée, d'où on l'exprime en pliant la toile et en la tordant fortement. Lorsque le liquide est écoulé, on développe la toile et l'on verse sur le marc de l'eau bouillante, que l'on exprime de la même manière. Deux lavages semblables suffisent pour dégager toute la matière gommeuse, alors le filtre ne peut plus s'engorger (1) : d'ailleurs, on le dispose de manière que l'eau traverse la garance de bas en haut et sous une forte pression.

Voici comment je conçois l'appareil.

Je suppose un baquet en sapin, d'une capacité proportionnée à la quantité de garance que l'on veut laver, mais toujours beaucoup plus large que haut.

A 2 ou 3 centimètres du fond, on placerait une claie en osier recouverte d'un feutre ou d'une toile de coton. Cette espèce de diaphragme devrait s'adapter exactement au baquet, sans laisser aucun vide au pourtour.

Sur ce diaphragme, on étendrait la couche de

---

(1) On peut, à ce moment, délayer la garance dans de l'eau acidulée par l'acide muriatique, l'écoulement de l'eau en devient plus rapide.

garance, qui ne devrait avoir guère plus de 15 à 20 centimètres d'épaisseur; car le lavage s'opérera d'autant plus facilement que l'eau aura une couche plus mince à traverser.

Pour contenir cette garance dans sa position, on la couvrirait avec un second diaphragme, composé, comme le premier, d'une claie garnie d'un feutre ou d'un tissu assez serré pour que le liquide passe parfaitement clair.

Ce second diaphragme devrait être fixé très solidement, avec des barres transversales retenues par des vis en bois : c'est lui qui doit supporter tout l'effort de la pression de l'eau.

Au dessus, il y aurait un robinet pour l'écoulement de l'eau ; il y en aurait un semblable au fond du baquet, afin qu'on pût, lorsque le lavage serait terminé, faire sortir l'eau restée dans la couche de garance.

C'est par le fond du baquet que l'eau entrerait pour sortir par le robinet supérieur : on l'introduirait à l'aide d'un tube en plomb, de 12 à 15 centimètres de diamètre; et le robinet servant à l'émission serait proportionné à la quantité de l'eau affluente.

Enfin ce tube communiquerait à un réservoir placé autant au dessus du baquet que le permettraient les localités et la résistance de l'appareil.

On sait que les liquides pèsent en raison de leur base, multipliée par leur hauteur : ainsi, quel que fût le diamètre du baquet, chaque grain de garance serait pressé par la petite colonne d'eau contenue dans le tube, tout aussi fortement que si ce tube avait le diamètre du baquet. Le lavage, exécuté de cette manière, se ferait donc plus rapidement et avec une moindre quantité d'eau.

Il est indispensable qu'il y ait dans cet appareil un petit tube communiquant avec le fond du baquet, et dépassant le robinet supérieur : ce tube servirait au dégagement de l'air au moment de l'introduction de l'eau. Il pourrait être en verre.

OBSERVATIONS.

Les acides sulfurique et muriatique, étendus d'eau, n'attaquent pas, du moins sensiblement, la belle couleur rouge de la garance. Ils peuvent donc être employés pour séparer la couleur fauve, qui ternirait la laque. En faisant bouillir de la garance dans de l'eau acidulée par l'acide sulfurique, on convertit le mucilage en matière sucrée : dès lors les filtres ne s'engorgent plus dans l'opération du lavage; mais le lavage n'en est pas moins long; toutefois, les acides exercent sur la couleur rouge de la garance une action dont on peut tirer un parti avantageux. Les laques préparées par des lavages acides se rapprochent plus de la teinte écarlate que du cramoisi, et par cette raison, elles peuvent être employées de préférence dans les carnations.

Le procédé que je viens de décrire exige beaucoup d'eau et beaucoup de temps. M. *Robiquet* en a publié un dans le *Dictionnaire technologique* et dans les *Annales de physique et de chimie,* à l'aide duquel on peut préparer en quelques heures une très belle laque. Ce procédé consiste à délayer la garance dans quatre fois son poids d'eau, à laisser macérer pendant dix minutes, puis à soumettre le tout à l'action d'une forte presse. Il met de côté ce premier lavage, pour retirer ensuite la matière colorante contenue dans le coagulum, qui se forme en très peu de temps. Aussitôt que la pression ne détermine plus l'écoulement d'aucune portion de liquide, on procède à un second, puis à un troisième lavage de la même manière, et on soumet également à la presse à chaque fois. Ces trois lavages sont suffisans, et la garance, de jaune qu'elle était, a pris une nuance rosée. C'est dans cet état qu'on la soumet à l'action de l'eau alunée, et pour cela on la délaie de nouveau dans cinq à six parties d'eau : on y ajoute une demi-partie d'alun concassé. On fait macérer ce mélange à la chaleur du bain-marie, pendant deux ou trois heures ; on agite de temps à autre à l'aide d'un morceau de bois ; on coule ensuite sur une toile serrée, puis on soumet à la presse. Les liqueurs réunies sont ensuite filtrées au papier, et enfin on précipite avec une solution étendue de cristaux de soude; mais on a soin de ne pas en ajouter assez pour précipiter toute l'alumine dès la première fois. Si on fractionne, par exemple, la dose nécessaire en trois portions, on obtient trois précipités, dont la richesse de teinte va toujours en décroissant; les premiers entraîneront d'autant plus de matière colorante qu'on les aura plus long-temps agités avec la liqueur. Le précipité une fois formé, il ne reste plus qu'à le laver par simple décantation, jusqu'à ce que l'eau qui surnage en sorte parfaitement claire.

M. *Robiquet* a bien voulu exécuter son procédé devant moi, et la laque qu'il prépara sous mes yeux était fort belle. J'ai voulu répéter l'expérience dont j'avais été témoin; mais n'ayant à ma disposition qu'une très faible presse, je ne parvins pas à dégager suffisamment la matière fauve, même par dix lavages, et la laque que j'obtins n'était pas d'un rose pur.

Le procédé de M. *Robiquet* me paraît avoir

besoin d'être modifié. J'observe d'abord que le liquide mucilagineux, extrait par une forte pression, doit contenir une quantité notable de belle couleur, qu'il est difficile d'extraire; tandis que la décoction alcaline de la garance, dont je conseille l'emploi, n'en contient pas sensiblement.

En second lieu, son mode de lavage enlève beaucoup moins de matière fauve que mes lavages répétés : de sorte que si l'on précipitait toute la teinture dissoute par l'eau d'alun, la laque qui en proviendrait serait terne.

Je crois donc qu'il y aurait de l'avantage à combiner les deux procédés, et qu'on devrait d'abord faire bouillir la garance dans une solution de sous-carbonate de soude, et qu'en employant la pression on accélérerait les lavages. Je suis parvenu à préparer en deux heures de temps de très belles laques (à la vérité en petite quantité) en versant la décoction alcaline sur une toile serrée, que je tordais ensuite fortement, puis développant la toile et versant sur la garance de l'eau chaude, que j'exprimais comme la première fois. Après huit lavages semblables, j'ai employé, à froid l'eau acidulée, par l'acide hydrochlorique, et ensuite l'eau pure.

Il est hors de doute que j'ai dû perdre une certaine quantité de garance très fine, qui passait à travers la toile ; mais j'aurais pu la recueillir, en laissant déposer les eaux de lavage. Le même chimiste a publié un autre procédé, fondé sur l'inaltérabilité, du moins jusqu'à une certaine température, de la couleur pourpre par l'acide sulfurique concentré. L'acide convertit en charbon la matière extractive brune et la rend insoluble. Il ne s'agit plus que d'enlever ensuite l'acide par des lavages.

Ce procédé, ainsi que l'auteur le reconnaît, présente une grande difficulté d'exécution. Ce n'est que par tâtonnemens qu'on peut trouver la proportion convenable d'acide. De deux essais que j'ai faits de ce procédé, aucun ne m'a bien réussi. Dans le premier, j'avais détruit une grande partie de la matière colorante; dans le second, il me fallut un long lavage pour enlever la matière brune, qui n'avait pas été charbonnée en totalité.

J'ai substitué l'acide hydrochlorique à l'acide sulfurique, et n'en ai mis que la quantité nécessaire pour attaquer les matières mucilagineuse et ligneuse : le lavage a été aussi long que dans le premier procédé; mais la laque a été plus brillante qu'avec l'acide sulfurique.

Enfin j'ai pensé que la torréfaction, qui convertit l'amidon en matière gommeuse, pouvait être employée avec succès. L'expérience a justifié ma conjecture : la décoction alcaline ne s'est plus prise en gelée, et le lavage s'est opéré sans que le filtre se soit engorgé.

Des qualités de la garance.

Celle qu'on appelle dans le commerce *extra-fine*, et qui n'est composée que de la partie ligneuse de la racine, est celle dont on obtiendra les laques les plus pures et en plus grande quantité. Dans les pays où l'on cultive la garance et dans ceux où elle croit naturellement, on peut employer les racines fraîches avec beaucoup d'avantage. Après les avoir bien lavées, on les hache et on les pile dans un mortier de bois ou de marbre; puis on les fait bouillir avec une solution de sous-carbonate de soude, et on procède au lavage comme il a été dit ci-dessus.

DU CHOIX DES EAUX.

Les eaux les plus douces sont les meilleures. Si on n'avait à sa disposition que des eaux contenant des sels calcaires, il conviendrait d'en précipiter la terre avec un peu de soude ou de potasse. On peut même rendre ces eaux légèrement alcalines, puisque les carbonates alcalins ne dissolvent pas la matière pourpre de la garance. Enfin, lorsque l'eau froide ne dissout plus rien, on emploie de l'eau bouillante, qui enlève encore une portion considérable de matière fauve que l'eau froide n'aurait pu dissoudre : on abrégerait donc l'opération en lavant dès le commencement avec de l'eau bouillante.

Sur la matière violette et l'action de l'eau acidulée.

La matière violette est la moins abondante des substances colorantes contenues dans la garance. Elle n'est pas dissoute par l'eau, même à l'aide de la chaleur; mais comme elle est soluble dans l'eau d'alun, il est important de l'enlever, et cela est facile, au moyen de l'eau légèrement acidulée par l'acide hydrochlorique, qui ne dissout pas sensiblement la matière pourpre (1).

La parfaite ressemblance de cette couleur violette avec celle que le mordant d'acétate de fer fait prendre au coton pourrait induire à croire

---

(1) Elle en dissout une partie et modifie la teinte de la laque, en la rapprochant de celle de l'écarlate, de sorte que si l'on voulait avoir une laque cramoisie, il ne faudrait pas employer de lavage acide.

qu'elle est due au fer des pilons qui réduisent la garance en poudre ; mais on retrouve la même fécule violette, en employant des racines fraîches broyées dans un mortier de porcelaine sans le contact d'aucun instrument de fer : on l'obtient également, et dans un plus grand état de pureté, en faisant tremper dans l'eau des racines sèches de garance. Au bout de quelques jours, l'eau, fortement chargée d'une matière extractive brune, se trouve couverte d'une fleurée violette, que l'on fait adhérer aisément aux parois du vase en l'inclinant en divers sens. On jette l'eau, on en remet de nouvelle, qui ne tarde pas à se couvrir de fécule violette, que l'on peut séparer du liquide comme la première ; et en continuant ainsi d'extraire la matière fauve, on parvient à recueillir une quantité suffisante de cette fleurée violette pour l'examiner (1).

Cette matière est tellement sensible à l'action des acides, que l'alun la fait virer instantanément de la teinte violette à celle de rouge orangé sale. L'acide hydrochlorique la change en jaune orangé.

---

(1) Il se peut que cette matière soit le produit de la fermentation, il ne faut pas moins l'enlever, puisqu'elle ternirait d'autant la laque.

Mais l'effet de l'eau acidulée n'est pas seulement de dissoudre la matière violette, elle rend en même temps plus solubles dans l'eau pure les autres matières colorantes que contient la garance; car lorsqu'après un long lavage on croit avoir dissous toute la partie fauve, et qu'après l'emploi de l'eau acidulée on verse sur la garance de l'eau pure, cette eau sort du filtre plus colorée qu'elle ne sortait avant le lavage acide; et si on emploie de l'eau chaude, on dissout une telle quantité de fécule pourpre, qu'en plaçant sous le filtre un morceau de toile de coton, on le voit aussitôt teint en rose assez vif. J'ai cru devoir noter ce fait comme pouvant conduire à quelque résultat important dans l'art de la teinture.

Précipitation de la laque.

On peut employer également le sous-carbonate de soude ou le sous-carbonate de potasse. Si on emploie le dernier, il est bon que la solution reste assez long-temps à l'air pour absorber la quantité d'acide carbonique dont elle peut se saturer par son contact avec l'air atmosphérique.

Lorsqu'on emploie un alcali caustique, la laque paraît très foncée lorsqu'elle est sèche; mais elle est très dure et vitreuse, comme l'émail, dans sa cassure ; enfin lorsqu'elle est réduite en poudre, elle est très pâle. Au contraire, lorsque l'alcali est très carbonaté, la laque a peu d'intensité, est friable dans les doigts; mais lorsqu'on la broie à l'huile ou à la gomme, elle reprend beaucoup de vigueur.

On peut aussi précipiter la laque avec le borate de soude : il n'y a alors qu'une portion de l'alumine précipitée, et c'est un avantage, surtout lorsque le lavage de la garance n'a pas été poussé assez loin. J'ai obtenu, par ce moyen, d'assez belles laques de garance qui avait été lavée seulement pendant deux jours; je n'avais précipité qu'à moitié la dissolution alunée. Cette laque était vitreuse et presque noire, étant sèche; mais ayant été de nouveau broyée à l'eau, elle resta pulvérulente, et, broyée à l'huile, elle avait beaucoup d'intensité.

De quelque espèce d'alcali qu'on se serve pour précipiter la dissolution de la matière pourpre de la garance, il convient de ne pas précipiter la totalité de la matière colorante. La portion de la couleur fauve qui a pu être dissoute par l'alun reste dans le liquide surnageant, et le précipité est d'autant plus beau qu'il est en moindre proportion. Ainsi, en fractionnant les précipités, on obtient plusieurs qualités de laque, dont l'intensité et l'éclat décroissent prodigieusement, mais qui sont toujours d'un emploi avantageux dans beaucoup de circonstances où l'on n'a pas besoin de rouges brillans.

Quoique l'alun ait une grande affinité pour la matière colorante rose de la garance, cependant elle n'en dissout à la fois qu'une certaine proportion, et je n'ai pu parvenir, en concentrant cette dissolution par l'évaporation, à la rendre assez intense pour en faire une encre rouge : aussi est-il très difficile d'obtenir une laque de garance d'un rouge pur et en même temps très intense. Le seul moyen que je connaisse est d'enlever une portion d'alumine qui s'y trouve en excès. Or, la soude caustique a la propriété de dissoudre l'alumine sans toucher à la couleur ; elle la modifie et la fait virer au cramoisi ; mais on détruit cette teinte par un lavage avec de l'eau pure.

Avec les eaux de lavage qui contiennent les couleurs fauves de la garance, ainsi qu'une très petite proportion de couleur brillante, on préparerait aisément des laques brunes, susceptibles d'être employées comme les stils de grain : on peut donc utiliser ces eaux, en réunissant dans un tonneau les eaux alcalines, et dans un autre les eaux acides, auxquelles on ajouterait le résidu des dissolutions obtenues par l'alun et non complétement précipitées ; on décanterait la partie claire de ces eaux, et on les précipiterait l'une par l'autre.

On laverait ensuite ces laques jusqu'à ce que l'eau en sorte claire : par ce moyen, on enlèverait avec les sels une partie de la matière gommeuse restée dans les précipités.

Falsification de la laque de garance; moyen de découvrir la fraude.

On a vu que, dans la préparation ordinaire des laques, on commence par former une pâte alumineuse, appelée *corps blanc*, que l'on colore ensuite avec une teinture.

Ce procédé indique un moyen facile de frelater la laque de garance, puisqu'il suffirait d'un peu de teinture pour donner l'aspect d'une laque très riche à celle qui serait trop pâle. Il est donc à craindre que quelque fabricant ne cède à la tentation de farder sa laque, ne fût-ce que pour réparer une opération manquée.

J'ai eu occasion de m'assurer que cette crainte n'est pas sans fondement. J'ai fait bouillir dans de l'eau pure de la laque achetée en Angleterre (1),

---

(1) J'ai des échantillons de laque qui m'ont été envoyés de Berlin, sous le nom de *garance carminée*, et qui visiblement doivent leur éclat à une teinture de cochenille.

et que je suspectais, à cause de son intensité et de sa teinte cramoisie : l'eau lui enleva une partie de sa teinture, et me découvrit la supercherie ; mais si l'opération eût été mieux faite, je ne l'aurais pas découverte par ce moyen.

La vraie couleur de la laque de garance est celle des plus beaux rouges des toiles peintes. Si elle tire sur le cramoisi, il y a lieu de craindre que cette laque ne soit avivée par une teinture étrangère ; cependant, lorsque pour séparer la matière fauve on emploie jusqu'à la fin de l'eau alcaline, la laque a une teinte cramoisie, même lorsqu'on a terminé le lavage avec de l'eau acidulée. Dans le doute sur la pureté de la laque, le mieux est de la soumettre à quelques épreuves, qui mettront à même de juger si elle ne contient pas d'autre matière colorante que celle de la garance.

Les carbonates alcalins ne dissolvent pas la matière colorante contenue dans les racines de la garance ; à plus forte raison, ils ne doivent pas l'attaquer lorsqu'elle est combinée avec l'alumine. On peut donc faire bouillir dans une légère solution de carbonate de soude une petite portion de la laque que l'on veut essayer, puis la verser sur un filtre et la bien laver. Si après ce lavage elle a perdu de son éclat ; si l'eau alcaline qui a filtré est colorée, on peut avec raison conclure que la laque a été avivée par une teinture.

OXIDES ROUGES DE FER.

Ocres rouges.

La dénomination de brun rouge que l'on donne à l'oxide rouge de fer lui convient parfaitement : c'est en effet une couleur rouge, altérée par une teinte brune.

La nature nous offre souvent le brun rouge tout formé; si quelque circonstance fait dégager l'eau qui, combinée avec l'oxide de fer, le transforme en hydrate, l'oxide prend la couleur rouge.

Le fer rouillé nous offre un exemple de ce changement de couleur : la rouille, qui d'abord est couleur d'ocre jaune, brunit à l'air et devient rouge avec le temps.

La plus grande partie des bruns rouges employés dans la peinture provient d'ocres jaunes calcinées. On conçoit que plus les ocres sont pures, plus sont beaux les rouges qu'elles produisent par la calcination.

On prépare aussi de très beau brun rouge en calcinant du sulfate de fer. Pendant long-temps le commerce a fourni à la peinture cette couleur, qui provenait de la fabrication de l'acide sulfurique, que l'on préparait par la décomposition du sulfate de fer : le résidu de cette opération était un oxide rouge, plus ou moins violâtre, suivant que l'action du feu avait été plus ou moins prolongée.

Non seulement le brun rouge est une couleur précieuse par sa solidité, mais encore par les belles teintes de carnation qu'il produit avec le blanc. Aussi *Le Titien*, *Van-Eyck* et les peintres qui ont le plus approché de la nature en ont-ils fait un grand usage.

VIOLETS.

Les peintres composent ordinairement la couleur violette en mélangeant du bleu et de la laque cramoisie ; cependant on a vu, à l'article *Des laques*, qu'on peut en préparer de violettes. On peut aussi obtenir avec le *pourpre de Cassius* des violets moins brillans, mais beaucoup plus solides que ceux des laques.

Le pourpre de *Cassius* est une combinaison d'oxide d'or et d'oxide d'étain. Jusqu'à présent il n'a été employé que dans la peinture en émail; mais en le combinant avec l'alumine et le calcinant ainsi qu'on le pratique pour le bleu de cobalt, on aurait une couleur violette qui s'emploierait bien à l'huile. J'en ai fait l'essai, et un an d'exposition au soleil n'a pas apporté de changement sensible dans cette couleur.

On prépare le pourpre de *Cassius* en mêlant des solutions très étendues de muriate d'or et de muriate d'étain.

On dissout d'abord l'or dans de l'acide nitromuriatique, et on fait évaporer la dissolution jusqu'au point de cristallisation, afin d'en dégager l'excès d'acide, dont la présence ternirait le précipité. On redissout la masse saline dans de l'eau distillée, puis on la mêle avec la dissolution de protoxide d'étain. Le mélange devient violet et reste long-temps sans se précipiter; mais une seule goutte de sulfate de fer suffit pour opérer instantanément la précipitation.

Le précipité étant bien lavé, on le mélange avec de l'alumine en gelée, et on le calcine.

Tritoxide de fer (oxide violet de fer).

Le fer, au dernier terme de son oxidation, prend une teinte violâtre. Cette couleur est terne, mais elle est très solide. Avec le pourpre de *Cassius* mélangé d'alumine, décrit dans l'article précédent, ce sont les seuls violets que l'on puisse employer dans la peinture à fresque.

BLEUS.

Bleu de cobalt (arseniate et phosphate de cobalt et alumine).

Le prix élevé de l'outremer, le peu de solidité des autres couleurs bleues faisaient, depuis long-temps, désirer aux peintres qu'on pût trouver quelque bleu moins cher que celui qu'on retire du lapis-lazuli, et également brillant et solide.

En 1802, M. *Thénard* fit cette découverte importante. Chargé par M. le comte *Chaptal*, alors Ministre de l'intérieur, de prendre connaissance des besoins des peintres, et de faire, sur le perfectionnement des couleurs, les recherches qui lui seraient demandées, il parvint à obtenir un bleu éclatant et solide, en calcinant un mélange intime d'alumine avec un sel de cobalt.

L'arséniate, le borate et le phosphate de cobalt peuvent être employés; toutefois, le phosphate doit être préféré, parce qu'il produit le bleu le plus pur. L'arséniate de cobalt a toujours une teinte violâtre, beaucoup plus sensible à la lumière qu'au jour.

On prépare ces bleus de la manière suivante (1):

On prend de la mine de cobalt de *Tunaberg*, qui est composée de cobalt, d'arsenic, de fer et de soufre.

Après l'avoir pulvérisée, on la calcine jusqu'à ce que les vapeurs arsenicales soient entièrement dégagées, on la dissout ensuite par un excès d'acide nitrique, on fait évaporer la dissolution jusqu'à siccité. On délaie le résidu dans de l'eau bouillante; on filtre la liqueur, pour en séparer une certaine quantité d'arséniate de fer, qui se dépose pendant l'opération. On verse alors dans la liqueur claire une solution de sous-phosphate de soude, et l'on obtient le sous-phosphate de cobalt.

Ce précipité étant bien lavé et recueilli encore humide sur le filtre, on le mêle le plus exactement possible avec huit fois son poids d'alumine en gelée, c'est à dire telle qu'elle est lorsqu'après avoir été précipitée d'une solution d'alun par un excès d'ammoniaque, elle est bien lavée avec de l'eau très pure et égouttée sur un filtre. Le mélange, bien intime, est ensuite séché (2), et lorsqu'il est assez sec pour être cas-

---

(1) *Chimie* de *Thénard*.

(2) Séché à l'air, il est plus brillant que séché sur un fourneau.

sant, on le met dans un creuset de terre ordinaire, que l'on recouvre de son couvercle; on le chauffe peu à peu jusqu'au rouge cerise, et on le laisse environ une demi-heure à cette température. On peut d'ailleurs découvrir de temps en temps le creuset avec précaution, prendre un peu de la matière calcinée, et lorsque la couleur est développée au ton convenable, on retire le creuset. Il faut prendre garde que, dans le mélange, il ne tombe la moindre parcelle de matière organique, qui formerait du charbon, et donnerait lieu à la réduction d'une partie du métal.

Si au lieu de phosphate de cobalt on veut préparer de l'arséniate, il faut doubler la proportion d'alumine, c'est à dire employer seize parties d'alumine contre une de cobalt. On obtiendra d'ailleurs ce sel de même que le sous-phosphate, en traitant la mine de cobalt par l'acide nitrique, comme il vient d'être expliqué, et en employant une solution d'arséniate de potasse au lieu de celle de phosphate de soude.

Bleu égyptien employé par les anciens.

On trouve sur les murs de quelques temples, en Égypte, et sur des cercueils enveloppés de momies, une couleur bleue très brillante.

La même couleur se voit, en Italie, dans quelques ruines d'anciens édifices, on l'a même trouvée telle que les fabricans la préparaient pour les peintres.

M. le comte *Chaptal*, qui, en 1809, eut occasion de l'examiner avec plusieurs autres couleurs trouvées dans une boutique à Pompeia, en fit l'analyse, et reconnut que c'est une espèce de cendre bleue préparée, non par la voie humide, comme celle qui est employée par les fabricans de papiers peints, mais au moyen de la calcination. Il la considère comme une fritte que son état semi-vitreux rend inattaquable par les acides et les alcalis à une basse température.

M. *Davy*, quelques années plus tard, s'occupa, en Italie, de recherches sur la préparation des couleurs employées par les Grecs et les Romains; il trouva le même résultat, et de plus il employa la synthèse, et produisit une couleur semblable à celle des anciens, en chauffant fortement, pendant deux heures, un mélange de quinze parties en poids de carbonate de soude, vingt parties de cailloux siliceux en poudre, et trois parties de limaille de cuivre.

Il pense que cette couleur est le bleu décrit par *Théophraste*, qui en attribue la découverte à un roi d'Égypte, et dont la fabrication était établie à Alexandrie.

Vitruve, qui désigne ce bleu sous le nom de *cæruleum*, nous apprend que le procédé de sa fabrication fut apporté d'Égypte à Pouzzoli par *Vestorius*, et qu'on le préparait en calcinant dans un four de potier des boules composées d'un mélange de sable, de limaille de cuivre et de fleur de nitre (*flos nitri*), c'est à dire du carbonate de soude (1).

Je suis porté à croire que les Vénitiens, si habiles dans l'art de faire des émaux, savaient préparer le bleu égyptien. *Neri*, dans son traité *Dell' arte vetraria*, décrit divers degrés d'oxidation du cuivre, qui donnent trois différentes couleurs, telles que le rouge, le vert et le bleu, *e il*

---

(1) Arena enim cùm nitri flore conteritur adeò subtiliter, ut efficiatur quemadmodùm farina et æri cyprio limis crassis (ut scobis) facto immixta conspergitur ut conglomeretur. Deindè pilæ manibus versando efficiuntur, et ità colligantur ut inarescant. Ex aridæ componuntur in urceo fictili : urceus in fornace ponitur, ità ut æs et ea arena, ab ignis vehementia conservendo cum coaruerint, inter se dando et accipiendo sudores, à proprietatibus discedunt suisque rebus per ignis vehementiam confecta, cæruleo rediguntur colore. (*Vitruve*, livre VII, chapitre II.)

color arabico detto turchino. Je présume que *Paul Veronèse* s'est servi d'un pareil bleu dans plusieurs de ses tableaux, dont les ciels sont devenus verts. Les cendres bleues, telles que nous les préparons, auraient subi ce changement dans l'espace de quelques semaines ; tandis que le bleu égyptien, qui s'est conservé sans beaucoup d'altération, employé en détrempe, ne serait attaqué qu'à la longue par l'action de l'huile. Or, si *Paul Veronèse* eût employé nos cendres bleues, il eût été averti de leur peu de solidité assez promptement pour ne pas s'exposer davantage à une pareille altération.

Bien que cette couleur ne me paraisse pas devoir être employée dans la peinture à l'huile, il n'en est pas moins à désirer qu'elle soit retrouvée. Elle serait d'une grande utilité dans la peinture en détrempe et dans la décoration (1).

---

(1) Dans le *Journal de chimie* d'*Erdman*, Leipsic, 1822, premier volume, 1818, page 110, l'auteur assure avoir obtenu le plus beau bleu en prenant du verre coloré par le cuivre en vert, le réduisant en poudre et le mélangeant avec du nitrate de potasse, puis l'exposant à un feu qui ne soit pas assez violent pour le fondre. Lorsqu'il est aggloméré, la couleur est bleue ; elle deviendrait verte, si la fusion avait lieu.

Ce qu'il y a d'extraordinaire, c'est que la masse spon-

Un effet très remarquable de cette couleur, c'est qu'elle paraît un peu verte à la lumière d'une lampe, tandis qu'au jour elle brille de la plus belle couleur d'azur.

On a vu, à l'article *Cobalt,* qu'il produit un effet du même genre, mais opposé. Il devient violet aux lumières.

Cendres bleues.

C'est un précipité de cuivre combiné avec l'eau (un carbonate hydraté). Il est naturel ou artificiel.

Cette couleur ne s'emploie que dans la décoration ; elle devient verte en plus ou moins de temps dans la détrempe, et le deviendrait également, en peu de jours, si elle était broyée à l'huile.

Pour préparer cette couleur, on commence par faire ce qu'on appelle *des cendres vertes,* en précipitant par le sous-carbonate de potasse une solution de sulfate de cuivre. Les

---

gieuse ne contient plus d'alcali libre, et est à peine attaquée par les acides : lorsqu'elle est pulvérisée très fin, elle est d'un bleu céleste très brillant.

circonstances de la précipitation sont très importantes : si la température est trop élevée, le précipité est cristallisé en gros grains comme du sable ; si elle est trop basse, le précipité est pâteux, mais trop pâle. Et si, pendant la durée de l'opération, la température, d'abord très élevée, s'abaisse beaucoup, une portion du précipité se trouvera grenue et pesante, l'autre pâle et légère.

C'est ce carbonate de cuivre que l'on convertit en bleu, en le mêlant avec de la chaux et du sel ammoniac.

On prend 24 livres de ce précipité bien lavé et bien égoutté, 2 livres de bonne chaux vive, et environ 10 onces de sel ammoniac.

On éteint la chaux, ou en forme un lait bien clair et bien homogène, et l'on y mêle le sel ammoniac réduit en poudre. On remue pour en opérer la solution ; on couvre le vase, et on le laisse refroidir le plus possible avant de le mélanger avec le carbonate de cuivre ; car dans ce mélange la température s'élève considérablement, et si elle parvenait à vingt-cinq degrés seulement, l'hydrate serait décomposé ; il y aurait de l'oxide noir formé, et au lieu d'un bleu brillant, on aurait du gris, ou un bleu plus ou moins altéré de gris.

On laisse reposer le mélange vingt-quatre heures, puis on lave à grande eau.

Bleu de Prusse.

Le nom de cette couleur lui vient du lieu où le hasard la fit découvrir.

En 1704, un fabricant de laques, nommé *Diesback*, voulant précipiter une solution d'alun pour préparer le *corps blanc*, c'est à dire l'alumine (base de la laque, qu'il devait ensuite teindre avec une décoction de cochenille), employa de la potasse qui lui avait été donnée par *Dippel*, et sur laquelle ce chimiste avait rectifié plusieurs fois de l'huile animale. Au grand étonnement du fabricant, le précipité, qui devait être blanc, se trouva bleu (1).

Dippel, informé de ce phénomène, étudia toutes les circonstances qui avaient accompagné son apparition, et il parvint à reproduire à volonté la même couleur.

---

(1) Il est hors de doute que l'alun employé par le fabricant était, comme les aluns de Liége, mêlé de sulfate de fer : c'est à la présence de ce sel métallique qu'il faut attribuer le développement subit de la couleur bleue.

La préparation du bleu de Prusse, dont les inventeurs gardèrent le secret, fut pendant plusieurs années l'objet des recherches de beaucoup de chimistes. En 1724, *Woodward*, de la Société royale de Londres, publia le procédé suivant, qui a été pendant long-temps le seul en usage.

On calcine un mélange de sang de bœuf desséché et de potasse. Aussitôt qu'il ne se dégage plus de vapeurs fuligineuses, et que les matières sont parvenues au rouge obscur, on les jette dans l'eau et on les fait bouillir, pour accélérer la dissolution des sels qu'elles contiennent.

C'est avec cette lessive, clarifiée par le repos ou la filtration, que l'on précipite une solution de sulfate de fer et d'alun.

On avive ensuite le précipité, avec de l'acide hydrochlorique et par des lavages répétés : aujourd'hui, au lieu de la lessive prussique, on emploie le sel que l'on retire de cette lessive et que l'on appelle prussiate de potasse. Ce sel est une combinaison triple d'acide prussique, de potasse et d'un peu de fer : sa solution étant beaucoup plus pure que la lessive dans laquelle il cristallise, le bleu doit être et est en effet beaucoup plus brillant.

Cette couleur serait une des plus précieuses, si elle avait de la solidité : elle a beaucoup d'intensité, elle se peint facilement, elle sèche promptement ; mais elle perd son éclat, devient verdâtre, et grise lorsqu'elle est exposée à une lumière vive : ainsi, elle ne pourrait pas être employée pour faire des verts brillans durables. On verra, à l'article *Des bruns*, que le bleu de Prusse torréfié est une excellente couleur brune.

Lorsque l'on prépare le bleu de Prusse avec le sulfate vert (le protosulfate de fer), le précipité est d'abord d'un gris sale, et ne devient bleu que par le contact de l'air. Pour cela, on le remue souvent, et lorsque la couleur bleue est développée, on le lave sur un filtre, ou par décantation.

Aussitôt que le sulfate de potasse est enlevé par ce lavage, le bleu est soluble dans l'eau et conserve sa solubilité étant séché. Cet effet n'a pas lieu, si l'on a ajouté de l'alun au sulfate de fer, ou s'il en contient.

Outremer.

L'outremer, l'une des plus brillantes couleurs de notre palette, est en même temps la plus solide.

On le retire du lapis-lazuli (lazulite), pierre

qui nous vient de la Perse, de la Chine et de la Grande-Bucharie.

Cette pierre n'est pas d'une couleur uniforme : elle est souvent veinée de blanc comme les marbres, et parsemée de points et de veines métalliques d'un aspect doré. Ce sont des pyrites ferrugineuses, c'est à dire des combinaisons de fer et de soufre.

En choisissant les parties de cette pierre exemptes de pyrites et de veines blanches, il ne resterait plus qu'à les réduire en poudre impalpable, pour avoir une très belle couleur bleue : c'est ainsi, probablement, qu'on a préparé cette couleur, avant de trouver le procédé au moyen duquel on sépare la couleur bleue des autres matières dont le mélange la ternirait.

On commence par briser en petits morceaux le lazulite, pour en séparer, à l'aide d'un ciseau d'acier, les parties blanches qui peuvent s'y trouver. On met tout ce qui est d'un beau bleu dans un creuset, que l'on fait rougir, et lorsque la matière est incandescente, on la jette dans l'eau froide.

Comme la couleur du lazulite peut supporter une chaleur rouge sans être altérée, cette opération a pour objet de faciliter la trituration de cette pierre en la fendillant.

On retire les morceaux de l'eau ; on les pile dans un mortier de métal ; on les passe au tamis et on les broie à l'eau sur un porphyre ou sur une glace : on en forme ainsi une pâte de la plus grande ténuité. On la fait sécher, et on a, par ce moyen, une poudre d'un bleu plus ou moins altéré de gris, suivant la qualité de la pierre.

On mêle intimement cette poudre avec un poids égal d'une pâte résineuse, composée de cire neuve, de poix de Bourgogne, de mastic en larmes, de térébenthine et d'huile de lin, dans une proportion telle, qu'après le mélange de la poudre, la pâte ait encore un degré de mollesse qui permette de la manier sans effort.

Le mélange, ainsi qu'on doit le concevoir, se fait à chaud. On verse la matière liquide dans une terrine pleine d'eau ; on la pétrit, d'abord avec deux petites spatules de bois, puis avec les mains lorsqu'elle est refroidie. On en forme des rouleaux que l'on met dans un vase plein d'eau, où ils restent une quinzaine de jours, et on a soin de renouveler l'eau de temps en temps. Il s'établit une fermentation à l'aide de laquelle l'oxide de fer provenant des pyrites décomposées adhère de plus en plus au mastic résineux, tandis que la poudre bleue du lapis tend à s'en séparer. Alors, en malaxant ce mastic dans une jatte pleine d'eau, on fait sortir l'outremer, et l'eau se colore en bleu.

Les premières portions de couleur qui se séparent sont toujours les plus belles : c'est pourquoi on est dans l'usage de fractionner les produits, et l'on obtient ainsi de l'outremer de trois ou quatre qualités. Lorsqu'il ne se dégage plus de couleur à l'eau froide, on en fait sortir une nouvelle portion avec de l'eau chaude. Enfin, lorsqu'il ne se dégage plus rien, on peut, en ajoutant au mastic un peu de soude, en retirer ce qu'on appelle des cendres d'outremer, c'est à dire un mélange, de la gangue, d'un peu d'oxide de fer, et d'une très petite portion de la matière bleue; ce qui forme une couleur d'un gris plus ou moins bleuâtre.

On lave ensuite l'outremer à l'eau bouillante, pour enlever un peu de résine qui s'y trouve mêlée et qui le salirait.

Quoique l'outremer résiste à l'action du feu, jusqu'au point de rougir sans perdre sa couleur, cette couleur est détruite par les acides; ce qui fournit le moyen de reconnaître sa pureté.

On met une pincée d'outremer dans un petit vase de verre ou de porcelaine, et l'on verse dessus un peu d'acide nitrique. La couleur bleue est en un instant détruite, il ne reste qu'une matière terreuse, d'un gris jaunâtre, qui se prend en gelée.

Ni le bleu de cobalt, ni le bleu de Prusse ne sont altérés par les acides : c'est pourquoi, dans le cas où l'outremer aurait été falsifié par le mélange de quelqu'une de ces couleurs, la fraude se découvrirait aisément. La dissolution d'indigo n'est pas assez brillante pour qu'on soit tenté de l'employer à la falsification de l'outremer. Si cependant on en avait mêlé pour rehausser le ton de l'outremer, on le découvrirait, au moyen de l'acide sulfurique, qui ne détruit pas la couleur de l'indigo.

On a cru, pendant long-temps, que l'outremer devait sa couleur au fer; mais MM. *Clément* et *Desormes*, ayant eu à leur disposition une grande quantité de lapis, sont parvenus, à l'aide de purifications réitérées, à préparer de l'outremer exempt de fer : et, ce qu'on était loin d'y soupçonner, ils y ont trouvé 22 pour 100 de soude.

D'un autre côté, en démolissant des fours employés à la fabrication de la soude, au moyen de la décomposition du sulfate de soude on trouva une portion de l'âtre imprégnée d'une couleur bleue très vive. Des morceaux de grès ainsi colorés furent remis en 1814 à M. *Vauquelin*, qui en fit l'analyse, et trouva tant de ressemblance entre cette matière bleue et l'outremer, qu'il ne douta plus de la possibilité d'imiter la nature dans la production de cette belle couleur.

Pour réaliser nos espérances à cet égard, il ne fallait que provoquer cette découverte, qui, dans l'état actuel de nos connaissances, ne pouvait être long-temps attendue : c'est ce qu'a fait la Société d'encouragement, en consacrant un prix de 6,000 fr. à celui qui parviendrait à fabriquer un outremer artificiel, parfaitement semblable à celui qu'on retire du lazulite.

Le problème a été complétement résolu par M. *Guimet*, ancien élève de l'École polytechnique, maintenant commissaire des poudres et salpêtres. L'outremer qu'il fabrique est absolument identique avec celui de première qualité, provenant du lapis-lazuli.

Il y a des époques où certaines découvertes sont en quelque sorte mûres, au point qu'elles ont lieu dans plusieurs endroits à la fois : cette circonstance s'est reproduite à l'égard de l'outremer artificiel. Dans le même temps que M. *Guimet* trouvait le moyen de préparer de toutes pièces cette couleur, M. *Gmelin*, professeur de chimie à Tubingue, s'occupait du même travail et approchait du même résultat. L'annonce du succès obtenu par notre compatriote ayant enlevé à

M. *Gmelin* les droits de priorité dont il se croyait assuré, il a voulu du moins constater sa part dans l'invention, en publiant le procédé suivant.

« On se procure de l'hydrate de silice et d'alumine : le premier, en fondant ensemble du quartz bien pulvérisé avec quatre fois autant de carbonate de potasse, et en dissolvant dans l'eau la masse fondue et la précipitant par de l'acide muriatique; le second, en précipitant une solution d'alun pur par de l'ammoniaque. Ces deux terres doivent être lavées soigneusement avec de l'eau bouillante. Après cela, on détermine la quantité de terre sèche de ces deux hydrates, en faisant chauffer au rouge une certaine quantité des précipités humides. L'hydrate de silice dont il s'est servi dans ses expériences contenait, sur cent parties, cinquante-six, et l'hydrate d'alumine trois cent vingt-quatre parties de terre anhydre.

» On dissout ensuite à chaud, dans une solution de soude caustique, autant de silice qu'elle peut en dissoudre, et on détermine la quantité de terre dissoute. On prend alors, sur vingt-deux parties de cette dernière (silice anhydre), une quantité d'hydrate d'alumine, qui contienne soixante-dix parties d'alumine sèche : on l'ajoute à la dissolution de la silice, et on évapore le tout ensemble, en remuant constamment, jusqu'à ce qu'il ne reste qu'une poudre humide. »

Cette combinaison de silice, d'alumine et de soude, est la base de l'outremer, qui doit être teinte maintenant par du sulfure de sodium : c'est ce qu'on fait de la manière suivante.

« On met dans un creuset de Hesse, pourvu d'un couvercle bien fermant, un mélange de deux parties de soufre et d'une partie de carbonate de soude anhydre; on chauffe peu à peu, jusqu'à ce que, à la chaleur rouge moyenne, la masse soit bien fondue; on projette alors ce mélange, en très petites quantités à la fois, au milieu de la masse fondue : aussitôt que l'effervescence, due aux vapeurs d'eau, cesse, on y ajoute une nouvelle portion. Ayant tenu le creuset une heure au rouge modéré, on l'ôte du feu et on le laisse refroidir. Il contient maintenant de l'outremer mêlé à du sulfure en excès : on sépare le dernier par de l'eau. S'il y a du soufre en excès, on le chasse par une chaleur modérée. En cas que toutes les parties de l'outremer ne soient pas colorées également, on peut séparer les parties les plus belles, après les avoir réduites en poudre très fine, par le lavage avec de l'eau. »

Ce procédé, que j'ai extrait des *Annales de chimie et de physique*, tome XXXVII, page 411, a été répété par plusieurs de nos chimistes, et ils ont effectivement obtenu de l'outremer ; mais la couleur de cet outremer n'était pas brillante comme elle doit l'être. La masse frittée que l'on a retirée du creuset n'était pas d'une teinte égale : quelques parties étaient pâles; d'autres, plus ou moins intenses, étaient de teintes différentes, qui tiraient, ou sur le vert, ou sur le violet.

Ce procédé a donc besoin d'être modifié. Le mélange des matières ne peut être parfaitement égal tel qu'il est indiqué. Peut-être faudrait-il, après avoir retiré la matière du creuset, réduire en poudre très fine l'outremer de teintes différentes, et le soumettre de nouveau à l'action du feu dans un vase fermé.

Quelque imparfait que soit ce procédé, j'ai cru devoir le publier, persuadé qu'il ne peut manquer de conduire à d'excellens résultats ceux qui voudront travailler avec un peu de persévérance à le perfectionner.

VERTS.

Outre les verts que l'on compose par le mélange du jaune et du bleu, on en emploie encore d'autres, formés par la nature ou par l'art, tels que la malachite, l'oxide de chrôme, la terre verte, le vert de montagne, le vert de Schéele, le vert de Vienne, etc.

Malachite et vert de montagne.

Ces deux substances sont des carbonates de cuivre. La première est en masses solides, formées par le suintement ou l'écoulement, goutte à goutte, d'eaux saturées d'acide carbonique tenant en dissolution de l'oxide de cuivre. Ces eaux laissent déposer le carbonate de cuivre, sous la forme de mamelons, de diverses teintes plus ou moins claires ou foncées, mais toujours d'un vert très brillant.

La solidité de la malachite est suffisamment démontrée par le grand nombre d'objets précieux, travaillés, depuis plusieurs siècles, avec cette matière, et qui n'ont rien perdu de leur éclat. Il est probable que, dès l'origine de la peinture, on a réduit la malachite en poudre pour l'employer comme couleur.

Le vert de montagne n'est également qu'un carbonate de cuivre. La nature, en le donnant sous forme pulvérulente, a épargné aux peintres une partie de la peine de la trituration; on ne peut donc douter que cette couleur n'ait été employée aussitôt qu'elle a été connue.

On voit dans les plus anciennes miniatures des verts parfaitement conservés, lesquels ne sont, à ce qu'il paraît, que des carbonates de cuivre naturels.

On en prépare d'artificiels, en précipitant, par les sous-carbonates de soude ou de potasse, une dissolution de cuivre : il en résulte une couleur opaque, d'un vert gris et pâle, dont on fait usage dans les peintures de décoration. Cette couleur est beaucoup moins brillante que les carbonates de cuivre naturels. Il est probable qu'on l'obtiendrait parfaitement semblable, si l'on pouvait combiner l'acide carbonique avec l'oxide de cuivre autrement que par la double décomposition des carbonates alcalins et des dissolutions de cuivre.

Oxide de chrôme.

Il existe tout formé dans la nature; mais, jusqu'à présent, on l'a trouvé en si petite quantité, qu'on n'a pu le recueillir pour les arts. Celui qu'on emploie dans la peinture est un produit artificiel, que l'on obtient en décomposant, au moyen de la chaleur, le chromate de mercure (1).

---

(1) Le chromate de mercure se prépare par double dé-

Pour opérer cette décomposition, on introduit du chromate de mercure dans une petite cornue de grès, que l'on remplit aux deux tiers ou aux trois quarts; on la place dans un fourneau à réverbère; on adapte à son col une allonge, à l'extrémité de laquelle on attache un nouet de linge, que l'on fait plonger dans l'eau, pour faciliter la condensation du mercure, qui doit se volatiliser. On porte peu à peu la cornue jusqu'au rouge: le chromate de mercure se décompose et se transforme en oxigène, mercure et oxide de chrôme. L'oxigène se dégage à l'état de gaz; le mercure passe à travers le nouet de linge et se condense entièrement; l'oxide de chrôme reste dans la cornue. Après un fort coup de feu d'environ trois quarts d'heure, on peut regarder l'expérience comme terminée (1).

M. *Delassaigne* a trouvé un procédé plus prompt et plus économique pour préparer l'oxide de chrôme d'une belle couleur verte, et toujours au même degré d'intensité.

---

composition, comme le chromate de plomb, en précipitant par le chromate de potasse un sel mercuriel soluble, tel que le protonitrate de mercure.

(1) Voyez le *Traité de chimie* de *Thénard*, tome II.

Son procédé consiste à calciner au rouge, dans un creuset de terre fermé, un mélange, à parties égales, de chromate de potasse et de soufre, et à lessiver la masse verdâtre qui en résulte, pour dissoudre le sulfate et le sulfure de potasse qui se sont formés par cette opération. L'oxide de chrôme se précipite, et on l'obtient pur après plusieurs lavages.

Il n'est pas nécessaire d'avoir du chromate de potasse cristallisé, pour en retirer l'oxide de chrôme par ce moyen. M. *Lassaigne* l'a obtenu également, et d'une aussi belle couleur, en calcinant avec le soufre le produit de l'évaporation de la dissolution du chromate de fer traité par le nitre, qu'il avait saturé auparavant par l'acide sulfurique faible, pour en précipiter l'alumine et la silice, qui accompagnent très souvent cette mine (1).

L'oxide de chrôme est employé principalement dans la peinture en émail; on peut cependant l'employer à l'huile, et si on ne le fait pas, c'est à cause du prix élevé de cette couleur, et aussi parce qu'elle n'a pas beaucoup d'éclat; mais elle

---

(1) Voyez *Annales de physique et de chimie*, tome XIV, page 301.

à plus de corps qu'aucune des autres couleurs vertes, et, dans quelques circonstances, ce peut être un avantage.

Terre verte.

Cette terre, que l'on tire de *Monte-Baldo*, dans les environs de Vérone, est une terre grasse, d'un vert de poireau, qui prend beaucoup d'intensité lorsqu'elle est imbibée d'huile. *Klaproth*, qui en a fait l'analyse, a trouvé qu'elle était composée de

Silice	53
Oxide de fer	28
Magnésie	2
Potasse	10
Eau	6
	99

La terre verte de Chypre, dont il a également donné l'analyse, est composée des mêmes élémens et dans des proportions peu différentes.

Il existe d'autres terres vertes, appelées *chlorites* par les minéralogistes, qui diffèrent de la terre de Vérone, en ce qu'elles ne contiennent pas de potasse et contiennent de l'alumine.

La terre verte est souvent mêlée de veines

d'ocre brune et rougeâtre, dont le mélange peut altérer considérablement la couleur ; mais il se trouve aussi des morceaux d'une teinte uniforme et plus brillante : ce sont ceux-là qu'il faut choisir.

Rubens s'est beaucoup servi de cette couleur, non seulement dans le paysage, mais encore dans les carnations. On peut voir, dans ses figures de Christ mort, beaucoup de glacis évidemment faits avec la terre verte. C'est en effet en glacis qu'il convient de l'employer, par la raison qu'ayant peu de corps, elle est d'abord considérablement pâlie par une légère portion de blanc ; mais dans la suite, la teinte devient plus foncée, sans doute par le rapprochement des molécules. On voit dans la plupart des tableaux d'*Alexandre Véronèse* (1) des demi-teintes trop vertes, qui certainement ne l'étaient pas, à ce degré, au moment où ils venaient d'être terminés. On ne doit donc employer cette couleur qu'avec précaution (2).

---

(1) Par exemple, celui du Musée, représentant la mort de *Cléopâtre*.

(2) On peut reconnaître d'avance si une couleur minérale doit, avec le temps, augmenter de ton (ce qu'on appelle pousser au noir); il ne faut que mettre une goutte

Verdet ou verdet-gris cristallisé (acétate de cuivre).

Le verdet est une combinaison d'acide acétique et d'oxide de cuivre, aussi est-il appelé par les chimistes *acétate de cuivre.*

On le prépare en dissolvant du *verdet-gris* (1) dans du vinaigre distillé, puis faisant évaporer et cristalliser la dissolution.

Les peintres, du temps de la renaissance des arts en Italie, se sont servis de verdet, et *Léonard de Vinci*, dans le chapitre XCIX de son

---

d'huile sur cette couleur : si le ton qu'elle acquiert alors est plus intense que celui qu'elle a lorsqu'elle est broyée, on doit conclure qu'elle arrivera à ce degré de vigueur, lorsqu'une dessiccation complète aura rapproché ses molécules autant qu'elles peuvent l'être. La terre d'Ombre, la terre de Sienne sont, ainsi que la terre verte, dans ce cas : si on les imbibe d'huile, dans leur état naturel, elles sont d'un ton plus vigoureux que lorsqu'elles sont broyées.

(1) Le *verdet-gris* du commerce est un sous-acétate de cuivre, c'est à dire un sel dans lequel l'oxide est en plus grande proportion ; il se prépare en exposant des planches de cuivre à l'action de la vapeur du vinaigre. C'est à Montpellier et à Grenoble qu'on préparait autrefois tout le verdet-gris du commerce.

Traité de peinture, prescrit d'appliquer un vernis sur cette couleur aussitôt qu'elle est sèche, par la raison que c'est un sel soluble, qui se dissoudrait lorsqu'on laverait le tableau. Le verdet, broyé avec un vernis huileux, n'est plus soluble dans l'eau; toutefois il ne faut l'employer qu'en glacis.

Les verts brillans, que l'on voit dans les anciens tableaux, sont faits avec des glacis de verdet; cependant il est probable que les anciens ont connu le *vert de Schéele* (*l'arsénite de cuivre*).

Vert de Schéele.

Schéele, à qui l'on attribue la découverte de cette couleur, a publié le procédé suivant.

On fait dissoudre 2 livres de sulfate de cuivre dans 11 pintes d'eau pure : la dissolution doit se faire à chaud, dans une chaudière de cuivre.

D'une autre part, on fait fondre séparément, dans une suffisante quantité d'eau pure et à l'aide de la chaleur, 2 livres de potasse blanche et 11 onces d'arsenic blanc pulvérisé. Quand tout est dissous, on filtre la liqueur, et on la reçoit dans un autre vaisseau.

On verse sur la dissolution arsénicale la solution encore chaude de sulfate de cuivre; on observe d'en mettre peu à la fois, et on remue continuellement avec un râble. Le mélange étant fait, on le laisse reposer pendant quelques heures, et la couleur se précipite. On décante alors la liqueur claire; on jette sur le résidu quelques pintes d'eau chaude, on remue bien, on laisse déposer et on décante. Ayant ainsi lavé trois ou quatre fois le précipité, on le fait égoutter sur une toile.

Puis, lorsqu'il a la consistance convenable, on le met en trochisques, et on le fait sécher sur du papier non collé.

Les quantités indiquées doivent produire 1 livre 6 onces de couleur sèche.

Dans ce procédé, on n'est pas assuré d'obtenir toujours la même nuance, parce que la potasse du commerce ne contient pas toujours la même quantité d'alcali. Il y aura donc, ou du sulfate de cuivre de perdu, ou de la potasse et de l'arsenic.

Pour avoir des résultats plus certains et ne perdre rien, quelles que soient les matières employées, il faut combiner d'abord l'acide *arsénieux* et le sulfate de cuivre.

Pour cela, on réduit en poudre l'arsenic (1),

---

(1) Comme l'arsenic est un poison des plus dangereux,

et on le fait fondre dans une suffisante quantité d'eau ; lorsque la solution est opérée, on la mêle avec le sulfate de cuivre : on peut ainsi mêler une partie d'arsenic avec dix de sulfate ; il ne se fait point de précipité.

On fait dissoudre en même temps du sous-carbonate de soude ou du sous-carbonate de potasse ; on prend ensuite dans un verre une petite portion de cette solution de cuivre arséniquée, et on la précipite complétement par l'un ou l'autre des deux alcalis. On voit, par le résultat, si la nuance de couleur est telle qu'on la désire. Si on la trouve trop jaune (ce qui aurait lieu avec la proportion de plus de 10 pour 100 d'arsenic indiquée par *Schéele*), on ajoute une nouvelle quantité de solution pure de sulfate de cuivre.

On peut opérer à froid ou à chaud. Si l'on opère à froid, la couleur sera plus pâle.

En opérant à une grande élévation de température, le précipité sera comme du sable, parce qu'il s'opère une cristallisation.

En employant de l'alcali caustique, la couleur devient très intense et très dure en séchant.

---

il faut avoir la précaution de le broyer dans l'eau, pour ne pas s'exposer à en respirer la poussière.

On a quelquefois besoin que cette couleur ait la plus grande intensité possible (1).

Au lieu de soude ou de potasse, on peut précipiter avec de l'eau de chaux : il en faut alors une prodigieuse quantité pour précipiter complétement la dissolution arséniquée; mais le précipité n'en est pas moins beau.

Vert de Vienne.

Depuis quelques années, on trouve dans le commerce un vert de cuivre extrêmement brillant, que l'on vend sous le nom de vert de Vienne, vert de Brunswick, ou vert de Schweinfurt.

M. *Braconnot*, d'après l'analyse de cette couleur, est parvenu à la préparer de la manière suivante.

On fait dissoudre dans une petite quantité d'eau chaude six parties de sulfate de cuivre; d'une autre part, on fait bouillir dans l'eau

―――――――――

(1) Ainsi préparé, le vert de *Schéele* est vitreux dans sa cassure et très dur à broyer; mais si on le met tremper dans l'eau, et qu'ensuite on le fasse sécher à l'air, il se fendille en petits morceaux, et la trituration en devient plus facile.

six parties d'oxide blanc d'arsenic et une partie de potasse du commerce ; on mêle peu à peu cette dissolution avec la première, en agitant continuellement, jusqu'à ce que l'effervescence ait entièrement cessé. Il se forme aussitôt un précipité jaune, verdâtre, sale, fort abondant. On ajoute environ trois parties d'acide acétique, de façon qu'il en y ait un léger excès sensible à l'odorat.

Peu à peu le précipité diminue de volume, et dans l'espace de quelques heures, il se dépose spontanément au fond de la liqueur, qui se décolore entièrement, une poudre d'une contexture légèrement cristalline et d'un très beau vert. On décante la liqueur surnageante, et on lave avec soin le précipité.

Le docteur *Liebig* a publié un autre procédé, qui donne un résultat semblable.

On dissout à chaud, dans une chaudière de cuivre, une partie de verdet-gris dans une suffisante quantité de vinaigre distillé, et on ajoute une dissolution aqueuse d'une partie d'oxide blanc d'arsenic. Il se forme, par le mélange de ces liquides, un précipité d'un vert sale, qu'il est nécessaire, pour la beauté de la couleur, de faire disparaître. Pour cet effet, on ajoute une nouvelle quantité de vinaigre, jusqu'à ce que le précipité soit redissous. On fait bouillir le mélange : il s'y forme, après quelque temps, un précipité cristallin grenu, d'un vert de la plus grande beauté, que l'on sépare du liquide, qu'on lave avec soin et qu'on fait sécher.

Si la liqueur surnageante contient encore un excès de cuivre, on y ajoute de l'arsenic; si elle ne contient que de l'arsenic, on y ajoute de l'acétate de cuivre; si enfin elle contient un excès d'acide acétique, on s'en sert pour dissoudre de nouveau du verdet-gris.

Au lieu de dissoudre du verdet-gris dans du vinaigre, on pourrait se servir de verdet cristallisé, qu'on fait fondre dans de l'eau.

Cette couleur, ainsi préparée, a une nuance bleuâtre; si on la voulait plus jaunâtre, il faudrait augmenter la proportion d'arsenic. On peut aussi désirer qu'elle soit d'un ton plus intense : pour produire ce changement, il suffit de dissoudre 1 livre de potasse du commerce dans une suffisante quantité d'eau, d'y ajouter 10 livres de la couleur obtenue par le procédé ci-dessus, et de chauffer le tout à un feu modéré; bientôt on voit la couleur se foncer et prendre la nuance demandée. Si on fait bouillir trop long-temps, elle se rapproche du vert de *Schéele;* mais elle le surpasse toujours en éclat et en beauté. La liqueur alcaline qui reste après l'opération peut servir à préparer du vert de *Schéele*.

BRUNS.

Asphalte ou bitume.

L'asphalte est une espèce de poix noire provenant d'une huile minérale solidifiée.

On recueille sur la surface du lac Asphaltide un bitume qui porte le nom de *bitume de Judée;* mais la plus grande partie de celui du commerce provient d'asphalte liquide qu'on fait évaporer. Le bitume est, dans sa cassure, d'un noir brillant; il se pulvérise aisément, et, réduit en poudre, il est brun.

On ne broie point le bitume, on le fond et on obtient ainsi une couleur très brune, de la plus grande transparence ; mais comme il détruit la qualité siccative des huiles, il faut augmenter autant que possible cette qualité.

On peut le préparer de deux manières.

On fait d'abord un vernis épais, en dissolvant le bitume dans de l'essence de térébenthine. Cette dissolution n'exige pas un degré de chaleur élevé, elle se fait même à froid, avec le temps.

Ce vernis est tellement visqueux qu'on ne

pourrait l'employer ; mais en le mêlant avec l'huile emplastique des Italiens et du vernis au mastic, on arrête sa tendance à couler, au point qu'il se maintient comme les autres couleurs sur la palette. C'est de cette manière que les Italiens et les Anglais préparent le bitume.

On peut encore le préparer par le procédé suivant :

15 grammes de térébenthine de Venise,
60 *idem* de gomme-laque,
90 *idem* d'asphalte,
240 *idem* d'huile de lin siccative,
30 *idem* de cire blanche.

On fait fondre la gomme-laque dans la térébenthine en ne mettant la laque que par portions de 15 grammes à la fois, et attendant qu'elle soit fondue complétement avant d'en remettre de nouvelle; ensuite on ajoute l'asphalte également par portions.

Pendant ce temps, on fait chauffer l'huile de lin, et lorsqu'elle est presque bouillante, on la mêle peu à peu avec le bitume fondu ; enfin on ajoute la cire.

Avant que le bitume ne soit refroidi, on le verse sur une pierre, et on le broie avec la molette ou le couteau.

Ainsi préparé, le bitume peut sécher d'un jour à l'autre comme le blanc de plomb; mais comme il se forme une peau à la surface, il serait bon de prévenir cet effet, ce qu'on peut faire aisément, en le tenant dans un vase d'étain cylindrique, où il serait garanti du contact de l'air à l'aide d'un disque du même diamètre que l'intérieur du cylindre. En appuyant sur ce disque percé d'un trou, on ferait sortir le bitume, et l'on boucherait ensuite le trou avec une cheville de bois. De cette manière, l'air ne pouvant avoir accès à la surface du bitume, on le conserverait indéfiniment dans le même état (1).

On donnerait plus de solidité au bitume, en le fondant dans du vernis au carabé; on pourrait mettre 60 grammes de ce vernis en place de téré-

---

(1) Un Anglais a proposé, il y a quelques années, de se servir de seringues d'étain ou de cuivre, étamé pour conserver certaines couleurs qui, comme les laques et le bleu de Prusse, s'altèrent promptement dans des vessies. Bien que la Société d'Encouragement de Londres ait récompensé cette découverte par une médaille d'argent et dix guinées, il est peu probable que beaucoup de peintres anglais aient adopté cet expédient. (Voyez *Journal des arts, des manufactures et d'agriculture*, page 280, n° 269. Octobre 1824.)

benthine, la gomme-laque se fondrait sans peine dans ce vernis.

Brun de bleu de Prusse.

M. *Bouvier* a publié un procédé à l'aide duquel on peut convertir, en brun ou en noir, le bleu de Prusse, en le torréfiant. Ce brun a la transparence de l'asphalte; de plus il a sur cette couleur l'avantage de sécher promptement et d'être très solide.

Voici le procédé de M. *Bouvier*.

« Mettez sur un feu assez vif une cuiller de fer, faites-la rougir; jetez-y quelques morceaux de bleu de Prusse, de la grosseur d'une noisette, à peu près : bientôt chaque morceau éclatera de soi-même, et se dégradera par écailles, à mesure qu'il s'échauffera, jusqu'à devenir rouge lui-même. Retirez la cuiller du feu et faites-la refroidir : si vous la laissiez plus long-temps sur le feu, vous n'obtiendriez pas la teinte désirée. Quand vous concasserez la couleur, il s'y trouvera des parties noirâtres et d'autres brun jaunâtre : c'est précisément ce qu'il faut.

» Selon M. *Bouvier*, cette couleur ne s'obtient que d'un bon bleu de Prusse ordinaire; il n'a jamais pu réussir avec le bleu de fabrique anglaise. »

Ainsi, pour que l'opération réussisse, il faut un bleu de Prusse qui contienne une certaine proportion d'alumine. Celui d'Angleterre, qui est plus foncé, qui par conséquent en contient moins, ne donnerait, étant complétement calciné, qu'une couleur orangée, à la vérité fort transparente et fort intense. Une autre condition du succès de l'opération, c'est que la torréfaction soit poussée au degré convenable : on y arrive aisément par tâtonnemens.

Au lieu de commencer par faire rougir une cuiller de fer, on peut mettre les morceaux de bleu de Prusse sur une pelle, que l'on placera sur un feu vif; ils brûlent quelquefois avec flamme, et toujours ils deviennent ardens lorsque la pelle commence à rougir. On les retourne, et on les laisse jusqu'à ce qu'ils ne fument plus et que la couleur bleue soit disparue.

Si on calcinait le bleu de Prusse dans un creuset fermé, on aurait du noir, qui peut être employé avec avantage, parce qu'il est très siccatif.

Stil de grain brun.

On a vu, à l'article *Laque*, page 143, que le stil de grain brun, qui est une laque d'un jaune brun très intense, se fait en précipitant avec l'alun une décoction de graine d'Avignon (*rhamnus infectorius*), de manière que l'alcali ne soit pas saturé. Cette couleur serait plus solide, si, au lieu de graine d'Avignon, on se servait de bois jaune, de quercitron, d'écorce d'aune, et surtout de brou de noix (1), qui donne en teinture une couleur brune très solide. On pourrait aussi faire, dans des proportions convenables, des mélanges de gaude, de garance et de brou de noix, et au lieu d'employer l'alun pour précipiter les décoctions, on devrait se servir d'acétate ou de sulfate de cuivre, qui, comme on l'a déjà fait observer, est de tous les mordans celui qui donne le plus de fixité à la teinture.

Les os, l'ivoire à demi calcinés produisent des bruns très transparens et très solides ; mais, plus qu'aucune autre couleur, ils retardent la dessiccation des huiles.

Terre d'Ombre.

Quelques minéralogistes ont confondu cette terre avec celle de Nocera en Ombrie, qui est

---

(1) Le brou de noix contient de l'amidon, c'est pourquoi il ne faudrait pas employer l'ébullition pour en extraire la teinture.

bitumineuse et inflammable comme les terres de Cassel et de Cologne. La terre d'Ombre dont il s'agit résiste au feu comme les ocres. Elle nous vient de l'ile de Chypre, et porte dans le commerce le nom de terre d'Ombre de Turquie ou du Levant.

Sa couleur est d'un brun olivâtre, qui devient plus intense et plus rougeâtre lorsque la terre a été calcinée.

L'oxide de manganèse et l'oxide de fer sont, avec la silice et l'alumine, les principales parties constituantes de la terre d'Ombre.

Cette couleur a beaucoup de corps et est très siccative, surtout après qu'elle a été calcinée. On lui reproche de pousser au noir; mais ce n'est pas une raison pour ne pas l'employer. On peut combattre cette disposition en la mêlant avec des couleurs qui pâlissent par l'action de la lumière, telles que les laques brunes.

Quelques peintres ont peint sur des fonds imprimés avec de la terre d'Ombre (1); la couleur du fond a percé à travers les teintes claires du tableau.

---

(1) Il y a quelques tableaux du *Poussin* sur de pareils fonds.

Terres de Cassel et de Cologne.

Ce sont des terres bitumineuses provenant, à ce que l'on suppose, de la décomposition de bois enfouis : aussi les minéralogistes leur ont donné le nom de *lignites*.

La terre de Cassel est la plus imprégnée de bitume, aussi est-elle d'un ton plus vigoureux ; mais elle se décolore, en partie, au contact de la lumière. Je me rappelle avoir vu une tête dont les cheveux bruns avaient été peints avec de la terre de Cassel : au bout de peu d'années, les parties claires, les luisans des cheveux, faits avec un mélange de blanc, étaient plus bruns que les ombres exécutées avec de la terre de Cassel pure. Le mélange du blanc avait fixé la terre bitumineuse.

Un autre inconvénient grave de ces terres bitumineuses est d'empêcher les huiles de sécher : c'est pourquoi, si on veut les employer, il faut les broyer avec de l'huile très siccative; et pour compenser ce qu'elles perdent à l'air, on doit les mêler avec des couleurs très fixes, telles que la terre d'Ombre, les noirs de charbon et les oxides de fer.

NOIRS.

Tous les noirs employés dans la peinture à l'huile sont en général des charbons de matières animales ou végétales. On se sert aussi de noirs fossiles.

Le noir d'ivoire est formé par la calcination des petits morceaux qui, dans le travail de l'ivoire, sont enlevés par la scie ou les outils du tour. Le noir qui en résulte est très intense et transparent.

Le noir d'os, préparé avec soin, en diffère peu; il est un peu plus roux, il peut même être tout à fait brun, si la carbonisation est arrêtée avant qu'elle soit complète. Cette couleur brune est très transparente; mais il faut la broyer avec de l'huile siccative, autrement elle ne sécherait pas.

Le noir de charbon végétal a moins d'intensité que ceux d'os et d'ivoire, il est aussi moins transparent, et les teintes qu'il produit avec le blanc sont plus bleuâtres. On le prépare en réduisant en charbon, dans des vaisseaux fermés, tantôt des noyaux de pêches et d'abricots, des coquilles de noix, tantôt des morceaux de bois tendres, tels que le sarment de vigne, les chenevottes, etc. Il y a peu de différence dans les teintes produites par ces charbons, le meilleur est celui qui se broie le mieux; sous ce rapport, on devrait donner la préférence au charbon de liége, parce qu'il se broie facilement, tandis que le charbon de noyaux de pêche, celui de vigne et de tous les bois en général ont, sous la molette, une élasticité qui s'oppose à ce qu'on puisse les amener au degré de ténuité des autres couleurs.

On prépare le noir de liége en le réduisant en charbon dans un creuset bien fermé; on le lave ensuite à l'eau bouillante, pour enlever les sels solubles qu'il contient.

On prépare de la même manière le noir de marc de café, qui a les mêmes propriétés. Il est particulièrement recommandé par M. *Bouvier* dans son *Manuel de peinture*.

On prétend que le noir de fumée produit, à l'huile, un très mauvais effet : c'est une opinion généralement reçue, que je n'ai pas vérifiée; ce dont je suis assuré, c'est que ce noir, lorsqu'il a été calciné et lavé, peut être employé sans danger; mais il est bon de prévenir que tous les noirs de fumée n'ont pas, à beaucoup près, les mêmes qualités. Le noir de lampe est le plus intense et le plus léger; celui que l'on retire du charbon de terre est le plus lourd et le plus grossier : il contient une quantité considérable d'ammoniaque.

Le noir de fumée est la base de l'encre de Chine. Quoique cette couleur appartienne exclusivement au lavis, je crois qu'on ne me désapprouvera pas de donner un procédé à l'aide duquel on peut en préparer de très bonne.

Encre de Chine.

La bonne encre de Chine présente les caractères suivans.

Elle est, dans sa cassure, d'un noir luisant.

La pâte en est fine et parfaitement homogène.

Lorsqu'on la délaie, on ne sent pas le plus petit grain, et en l'étendant de beaucoup d'eau, on ne voit aucun précipité se former.

En séchant, sa surface se couvre d'une pellicule d'aspect métallique, moins prononcé toutefois que dans les précipités des dissolutions de carthame, de bois de Brésil et de Campêche.

Elle coule bien sous la plume, même à une basse température, et lorsqu'elle est sèche sur le papier, on ne la détrempe point en passant dessus un pinceau imprégné d'eau. Cette propriété est très remarquable; car la même encre, séchée sur le marbre ou l'ivoire, se délaie aussitôt qu'elle est mouillée : ce qui prouve qu'il s'opère entre l'encre et le papier aluné une combinaison indélébile.

On ne sait, sur la préparation de l'encre de Chine, rien de plus positif que ce que le P. *Duhalde* nous en a fait connaître dans son *Histoire de la Chine* (1). La recette qu'il a

---

(1) M. *Julien*, sous-bibliothécaire de l'Institut, a bien voulu faire quelques recherches dans l'*Encyclopédie chinoise*. Il n'a trouvé aucune recette autant détaillée que celle publiée par le P. *Duhalde;* mais cependant il a recueilli plusieurs documens utiles, que je crois devoir faire connaître.

L'encre qui vient de Nau-King est la plus estimée, et parmi les différentes espèces qui viennent de ce pays, on met au premier rang celle qui est faite avec le noir de fumée de l'huile de sésame. On y ajoute du camphre et le suc de la plante appelée *Houng hoa* (*hibiscus rosa sinensis*) pour lui donner de l'éclat.

On obtient le noir de fumée, au moyen d'une centaine de lampes, au dessus desquelles on place un couvercle de tôle, pour le recueillir et empêcher sa déperdition. On enlève ce noir en balayant légèrement le couvercle avec une plume.

Dans une autre *Encyclopédie*, intitulée *Thian-hung-haï vé*, tome III, page 44, on trouve que la dixième partie de l'encre fabriquée en Chine se fait avec le noir de fumée préparé avec l'huile de l'arbre *Toung*, l'huile pure, ou la graisse de porc. Le reste se fait avec le noir de fumée du pin ou du sapin.....

Une personne vive et adroite peut recueillir l'huile de

publiée comme extraite d'un livre chinois est en substance ainsi conçue :

---

deux cents lampes..... Si on l'enlève avec trop de lenteur, elle se brûle.

L'encre commune se fait avec du noir préparé de la manière suivante :

On commence par dépouiller le pin ou le sapin de toute sa résine : s'il en restait la plus légère partie, l'encre faite avec le noir de fumée de ce bois encrasserait le pinceau et ne pourrait couler sur le papier ni être parfaitement soluble.

Lorsqu'on veut dépouiller un pin de sa résine, on pratique au pied de l'arbre un trou, une entaille, et on y place une lampe. Le bois s'échauffe peu à peu, et bientôt tout le suc de l'arbre découle par la saignée que l'on a faite.

Les morceaux de pin que l'on brûle pour cet objet doivent être minces et avoir environ une coudée de longueur. L'appareil destiné à recueillir la fumée est une longue cage en treillage de bambous, semblable à la cabane où les matelots se mettent à l'abri dans les bateaux. Elle doit avoir 60 coudées de longueur. On en revêt l'intérieur et l'extérieur avec des feuilles de papier grandes comme celles des paravents. Ce travail terminé, on pratique plusieurs cloisons, en ménageant une petite ouverture pour le passage de la fumée. Le sol est garni de terre et de briques, que l'on établit avant d'avoir construit la longue cabane qui doit recevoir la fumée. On fait du feu pendant plusieurs jours, et après avoir consumé une certaine quantité de bois, on entre dans cette longue maison de bambous, pour recueillir

« On prend des plantes *ho hiang* et *kan-sung*;
» des gousses appelées *tchu-ya-tsao-ko*, et du
» *suc de gingembre*.

» On fait bouillir ces quatre ingrédiens dans
» de l'eau; on clarifie la décoction, et on l'éva-
» pore en consistance d'extrait.

» On prend alors 10 onces de cet extrait, que
» l'on mêle avec 4 onces de colle de peau d'âne;
» puis on incorpore ce mélange avec 10 onces
» de noir de fumée : on en fait une pâte bien
» homogène, à laquelle on donne différentes
» formes, en la comprimant dans des moules
» faits exprès. Au sortir de ces moules, on en-
» terre les bâtons d'encre dans la cendre, où ils
» séjournent plus ou moins, suivant la saison. »

---

le noir. Dès le moment que l'on allume le feu, la fumée pénètre depuis la première cloison jusqu'à la dernière.
La fumée qui s'attache aux parois de la première et de la
seconde cloison (en commençant par l'extrémité) donne
le noir le plus léger et le plus délié ; il sert à faire l'encre
de première qualité. Le noir de la cloison du milieu est
plus lourd et d'une qualité bien inférieure : on l'emploie
dans la fabrication de l'encre commune. Quant à celle de
la première et de la seconde cloison (en partant de l'entrée), elle est trop grossière pour faire de l'encre à écrire.
On la vend aux imprimeurs, aux vernisseurs et aux peintres
de la dernière classe.

A l'exception du gingembre, aucune des plantes désignées ci-dessus n'est connue de nos botanistes. Le P. *Duhalde* a bien senti que sa recette serait inutile, s'il ne donnait quelques renseignemens à l'aide desquels on pût remplacer les plantes chinoises par celles de notre pays qui ont des propriétés analogues. Il a fait, à ce sujet, des recherches qu'il communique, et il nous apprend que les siliques appelées *tchu-yia-tsao-ko* se recueillent sur un arbrisseau, et ressemblent à celle du caroubier, excepté qu'elles sont plus petites et presque rondes. La silique chinoise renferme des cellules remplies d'une substance moelleuse, d'un goût ingrat et âpre.

Ho hiang est, selon le *Dictionnaire chinois*, une plante médicinale, aromatique, à laquelle on attribue les mêmes qualités qu'au *sou ho*, autre plante dont on retire un baume semblable au storax liquide.

Enfin le *kan-sung* est une plante qui entre dans la composition des parfums, et qui est douce au goût.

Les procédés des arts sont très difficiles à décrire : aussi, quand même nous aurions à notre disposition les plantes employées par les Chinois, je doute qu'on pût réussir du premier coup à imiter leur encre.

Les siliques, ressemblant à celles du caroubier, me paraissent appartenir à un mimosa (1); leur saveur âpre indique assez qu'elles contiennent beaucoup de principe astringent : comment alors leur décoction ne précipite-t-elle pas la gélatine ? L'action de ces sucs végétaux ne nécessite-t-elle pas une nouvelle clarification ?

Le P. *Duhalde* parle des propriétés alcalines de l'encre : comment concilier cela avec l'acide gallique contenu dans les sucs des plantes astringentes ? Il y a donc quelque chose d'omis, car la propriété alcaline ne peut exister, à moins qu'on ne sature par un moyen quelconque l'acide contenu dans la décoction végétale. J'ajouterai que l'encre de Chine se délaie dans le vinaigre sans qu'il se forme de précipité.

Tout insuffisante que soit cette description, elle nous met cependant sur la voie, en nous apprenant que les Chinois ne font pas usage de colle pure dans la préparation de leur encre, mais qu'ils y ajoutent des sucs végétaux qui la rendent

---

(1) Ce pourrait être le *mimosa indica*, dont les siliques sont recueillies pour la teinture et ont été, depuis peu, importées en France, sous le nom de *babla*; leur décoction ne détermine qu'un précipité peu abondant dans la solution de gélatine.

plus brillante et en même temps plus indélébile sur le papier.

En effet, que l'on délaie de beau noir de fumée dans la gélatine la plus pure, on aura bien une encre d'une belle teinte ; mais elle ne sera pas luisante dans la cassure, ni indélébile sur le papier comme la bonne encre de Chine ; enfin elle aura l'inconvénient de se prendre en gelée dans la saison froide.

Voilà donc deux points importans que l'on doit obtenir : il faut que l'encre soit coulante en hiver comme en été, et qu'elle ne puisse se délaver sur le papier.

La première de ces conditions est facile à remplir. Pour opérer dans la gélatine un changement tel que sa solution reste fluide comme celle de la gomme, il suffit d'une ébullition prolongée à une température élevée ; mais comme dans cette action du calorique il se forme du savon ammoniacal qui attire l'humidité de l'air, il est mieux d'employer le procédé à l'aide duquel on transforme l'amidon en matière gommeuse et sucrée. Ce procédé consiste à faire bouillir l'amidon dans de l'eau acidulée par l'acide sulfurique : on sature ensuite l'acide avec de la craie.

Quant au moyen de rendre l'encre insoluble sur le papier, on y parviendra en mêlant à la colle animale des sucs végétaux astringens, combinés de manière à ce qu'ils n'occasionent pas de précipité.

L'infusion de noix de galle, versée dans une dissolution de gélatine, y détermine un précipité très abondant, qui se réunit en une masse élastique résiniforme et très brillante. Ce composé, insoluble dans l'eau, se dissout dans l'ammoniaque et dans un excès de gélatine.

La dissolution ammoniacale de ce précipité est très brune, mais transparente; et lorsqu'elle est sèche, on ne peut plus la redissoudre dans l'eau.

La matière résiniforme, dissoute dans la gélatine, est encore soluble dans l'eau après sa dessiccation; mais la dissolution est plus lente que celle de la gélatine pure : c'est donc à l'action du tannin sur la colle, que l'on doit attribuer la fixité de l'encre de Chine sur le papier.

La colle de peau d'âne est indiquée comme la meilleure. On ne voit pas d'abord pourquoi elle mérite la préférence; toutefois, je dois dire qu'ayant essayé de convertir en colle de la peau d'âne passée à la chaux, je n'ai obtenu une dissolution complète qu'après avoir fait ramollir cette peau pendant plusieurs jours dans de l'eau de chaux.

Les Chinois attribuent des qualités médicinales

particulières à cette colle, et c'est peut-être par cette raison qu'ils la préparent avec un soin particulier. J'en ai vu qui était très transparente; mais je n'ai pu m'en procurer pour l'essayer comparativement avec la colle de bœuf.

La colle la meilleure serait celle qui, trempée dans l'eau, ne fait que se gonfler sans rien laisser dissoudre : on en trouve rarement de pareille dans le commerce; mais, à son défaut, on peut se servir avec succès de colle de Flandre.

Après l'avoir fait tremper pendant quelques heures dans environ trois fois son poids d'eau acidulée par un dixième d'acide sulfurique, on jette l'eau qui contient la portion trop soluble de la colle, et on la remplace par une égale quantité d'eau légèrement acidulée. On fait bouillir cette colle pendant une heure ou deux, et l'ébullition la modifie au point qu'elle ne se prend plus en gelée en refroidissant.

On sature ensuite l'acide avec de la craie en poudre, que l'on projette peu à peu, jusqu'à ce que le papier réactif indique que la saturation est complète. On filtre à travers un papier, et la dissolution qui passe est parfaitement transparente.

On prend environ le quart de cette colle sur laquelle on verse une dissolution concentrée de noix de galle. La gélatine est aussitôt précipitée et produit la matière élastique résiniforme dont j'ai déjà fait mention.

On lave cette matière avec de l'eau chaude, et on la dissout dans la colle clarifiée; on filtre encore cette colle et on la fait rapprocher au point convenable, afin qu'en l'incorporant avec le noir de fumée on ne soit pas obligé d'attendre long-temps que la pâte ait acquis la consistance nécessaire pour être moulée.

Le principe astringent, contenu dans les sucs végétaux, ne précipite plus la gélatine lorsqu'on a saturé l'acide qu'il contient. On peut donc faire bouillir, avec de la magnésie ou de la chaux, la noix de galle ou tout autre végétal abondant en principe astringent (1), et mêler ensuite à la colle la décoction filtrée: il n'y aura pas de précipité, et la colle ainsi préparée sera d'autant moins soluble, après sa dessiccation, qu'elle contiendra plus d'astringent.

Ce n'est que par tâtonnemens qu'on arrivera à connaître la proportion la plus convenable de matière astringente qu'il faut combiner avec la colle..

---

(1) Cette encre serait, je crois, très bonne; mais elle n'aurait pas, comme celle de Chine, la propriété de se délayer dans le vinaigre.

De quelque manière qu'on prépare l'excipient qui doit être mêlé avec le noir, il faut qu'il soit tellement clarifié qu'en le délayant dans beaucoup d'eau il ne laisse rien précipiter. Il n'y aura plus alors qu'à le concentrer par l'évaporation au point convenable.

C'est aussi par tâtonnemens qu'on pourra déterminer les proportions relatives de noir et de colle, puisque cette colle peut être plus ou moins concentrée; mais on parviendra sans peine à trouver la meilleure proportion en faisant les deux essais suivans :

On appliquera, au pinceau, une légère couche d'encre sur de la porcelaine, et avec une plume on écrira sur le papier. Si l'encre est luisante sur la porcelaine, c'est une preuve qu'elle est suffisamment collée; si, après sa dessiccation sur le papier, on ne la détrempe pas avec un pinceau imprégné d'eau, c'est une preuve qu'il n'y a pas trop de colle.

En Chine, les moules sont en bois : on pourrait les avoir en argile cuite. Cette terre se moule parfaitement, et lorsqu'elle n'a pas été à demi vitrifiée par le feu, elle happe fortement à la langue. Elle boirait donc en peu de temps une partie de l'humidité de la pâte; ce qui faciliterait la sortie des moules peu après qu'elle y aurait été comprimée. On enterrerait ensuite les bâtons d'encre dans la cendre, afin qu'en séchant ils ne puissent se fendre, et l'on ferait sécher les moules au soleil ou dans une étuve. Si, après un long service, leurs pores se trouvaient bouchés au point de ne plus absorber l'humidité, on les ferait bouillir dans une lessive caustique et sécher ensuite, ou bien on les ferait rougir au feu.

La qualité du noir de fumée influe beaucoup sur celle de l'encre (1). On a vu dans une note, au commencement de cet article, que le noir dont on se sert pour fabriquer l'encre impériale est du noir de lampe extrêmement léger, à la préparation duquel on apporte beaucoup de soin : on pourrait employer un poêle de fonte à cet usage. On mettrait dans ce poêle une lampe garnie de plusieurs grosses mèches et surmontée d'un couvercle en tôle ; on réglerait l'ouverture du poêle de manière à entretenir la combustion de la lampe avec le plus de fumée possible. On essaierait plusieurs espèces d'huile et de graisses, et l'on ne tarderait pas à connaître celles que l'on doit préférer.

---

(1) La pellicule d'aspect métallique dont se couvre l'encre de Chine en séchant est due en partie au noir de lampe.

En Chine, on prépare le plus beau noir de fumée avec l'huile de *girgelin*, qui est, à ce qu'on assure, l'huile de sésame.

M. *Proust*, dans l'analyse qu'il a faite d'une encre de Chine de la plus grande beauté, y a trouvé 2 pour 100 de camphre : cette matière est d'ailleurs indiquée dans une recette qui se trouve dans l'*Encyclopédie chinoise*. D'après ces indications, j'ai mêlé un peu de camphre dans l'encre que j'ai préparée, et j'en ai reconnu de bons effets. Lorsque l'encre qui en contenait était en pâte assez consistante pour pouvoir être moulée, je la maniais avec les doigts (à la vérité frottés d'un peu d'huile) sans qu'elle y adhérât aucunement. Dans cet état, elle prenait parfaitement l'empreinte d'un cachet. J'ai attribué au camphre la facilité avec laquelle elle se moule.

BLANC DE PLOMB.

Le blanc de plomb, le seul blanc que l'on emploie dans la peinture à l'huile, est une combinaison de protoxide de plomb et d'acide carbonique ; aussi est-il appelé par les chimistes carbonate ou sous-carbonate de plomb.

On le prépare de différentes manières, d'où résultent des produits de qualités diverses, que l'on désigne, dans le commerce, sous les noms de *céruse*, *blanc en écailles*, *blanc de Krems* ou *blanc d'argent*.

La *céruse*, et surtout celle de Hollande, réputée pendant long-temps la meilleure de l'espèce, est d'un blanc sale, et, par cette raison, n'est employée que dans la peinture en bâtimens et dans l'impression des fonds sur lesquels on exécute les tableaux. Elle est aussi très souvent mélangée de craie. Les céruses d'Allemagne, par exemple, contiennent une grande proportion de sulfate de baryte; mais la céruse de Hollande de première qualité est sans aucun mélange (1).

Le *blanc en écailles* est plus blanc que la céruse, il pourrait même égaler en blancheur celui de Krems, si l'on apportait plus de soin à sa préparation. Il a l'avantage de ne pouvoir être falsifié par aucun mélange. Les marchands de couleurs le vendent aux artistes sous le nom de blanc ordinaire.

On prépare ces deux espèces de blanc en exposant des lames de plomb à la vapeur du vinaigre et de l'acide carbonique.

A cet effet, on dispose dans des pots de terre

---

(1) Ces céruses contiennent aussi de l'ammoniaque, de l'acétate de plomb et du plomb métallique.

vernissés ou cuits en grès, des lames de plomb tournées en spirale, et supportées sur une croix de bois blanc, ou bien sur un rebord, ou sur des points saillans formés dans l'intérieur des pots. Par ce moyen, les lames ne touchent point au vinaigre qui remplit le fond des vases.

Ces pots sont rangés à côté l'un de l'autre sur un lit de fumier, et on les recouvre avec des lames de plomb disposées comme des tuiles. On met par dessus des planches, sur lesquelles on étend un autre lit de fumier, qui reçoit une nouvelle rangée de pots également recouverte de lames de plomb. On élève ainsi la couche jusqu'à la hauteur de 6 ou 8 pieds, suivant les localités.

Comme la chaleur peut devenir excessive dans une grande masse de fumier, on ménage, de distance en distance, des ouvertures qui traversent la couche. Ces évents sont ordinairement fermés. On les débouche de temps en temps, pour examiner le degré de chaleur de l'intérieur, et si on le trouve trop élevé, on laisse ces soupiraux ouverts jusqu'à ce que l'air extérieur, qui y pénètre, ait abaissé suffisamment la température, laquelle ne doit pas dépasser trente-cinq à quarante degrés au plus, si ce n'est vers la fin de l'opération, lorsqu'il n'y a plus qu'à dessécher le carbonate formé.

Au bout d'environ six semaines, on retire les pots. Les lames plates qui les recouvrent fournissent les écailles, que l'on met à part, pour les répandre dans le commerce sans autre préparation. Les spirales sont déroulées, on en retire des écailles plus petites et plus friables, que l'on broie à l'eau sous des meules horizontales. On lave ensuite cette céruse; on la laisse déposer et égoutter, jusqu'à ce qu'elle soit en bouillie de consistance convenable : alors on en remplit des pots coniques, où elle prend la forme qu'on lui connaît.

Telle est la manière dont les Hollandais préparent leur céruse. Son défaut de blancheur tient à la portion de plomb métallique qu'elle contient, et principalement à l'emploi du fumier, d'où se dégagent des vapeurs qui noircissent le blanc de plomb, à mesure qu'il se forme. On éviterait cette altération, on obtiendrait des écailles de la plus grande blancheur, si on composait les couches avec de la paille mouillée, ou même avec de la tannée (1).

L'expérience suivante, faite sous mes yeux il y a plusieurs années, fera comprendre ce qui

---

(1) Pour faciliter la fermentation de la paille, il faudrait l'arroser avec de l'eau chaude.

se passe dans l'opération pratiquée en Hollande : elle prouve que le vinaigre seul ne peut convertir le plomb en carbonate, et qu'il faut y faire concourir l'acide carbonique.

On mit sous une cloche de verre une capsule remplie de vinaigre ordinaire, et on ajusta sur cette capsule des plaques de plomb isolées entre elles, de manière à ce que la vapeur du vinaigre les entourât de tous côtés. Ensuite on luta soigneusement la cloche sur le plateau qui la supportait.

On disposa un appareil semblable; mais on avait mis dans le vinaigre des morceaux de marbre calcaire, qui, par leur décomposition, devaient produire du gaz acide carbonique.

Les deux cloches furent exposées à la même température de trente à trente-cinq degrés, pendant un mois.

Au bout de ce temps, les lames de plomb de la cloche dans laquelle était le vinaigre pur étaient recouvertes d'une couche cristalline et transparente d'acétate de plomb, et il n'y avait pas un atome de carbonate; tandis que dans l'autre cloche il s'en trouvait une couche plus ou moins épaisse sur toutes les lames. Les lames du haut, placées horizontalement, étaient plus d'à moitié converties en carbonate; mais ce carbonate était mou, parce que l'humidité n'avait pu s'en évaporer. Il est hors de doute que, s'il eût séché dans cet état, il eût formé des écailles compactes comme celles du commerce. Nous recueillîmes ce blanc et le fîmes sécher sur du papier; il ne le cédait en rien au plus beau blanc de Krems.

Ainsi, dans l'opération que je viens de décrire, l'acide carbonique est fourni par le fumier. Il y a, d'ailleurs, des fabricans qui ajoutent au vinaigre quelque substance propre à dégager cet acide.

Le carbonate formé est d'abord mou, et c'est sans doute pour le dessécher complétement qu'on laisse les pots aussi long-temps dans le fumier.

Blanc de Krems.

L'addition d'une matière fournissant l'acide carbonique est indispensable dans cette préparation, pour laquelle on emploie la chaleur d'une étuve, au lieu de celle du fumier.

Les plaques de plomb sont exposées à la vapeur du vinaigre et de l'acide carbonique, dans des caisses de sapin, dont le fond est rendu imperméable par un vernis ou par un enduit de résine. Ces plaques, d'environ une ligne d'épaisseur, pliées en forme de chevron, sont disposées à cheval sur des tringles de bois soutenues par un rebord placé dans l'intérieur des caisses. Les lames, isolées l'une de l'autre, ainsi que des parois des caisses, sont distantes de la couche de vinaigre d'environ 3 pouces.

Pour produire l'acide carbonique, dont le concours est nécessaire à la formation du blanc de plomb, on ajoute au vinaigre, dans une certaine proportion, de la lie de vin ou du tartre brut (c'est toujours du carbonate de potasse); on obtiendrait le même résultat avec du marbre, ainsi que le prouve l'expérience rapportée plus haut.

Les caisses sont fermées et placées sur un conduit de chaleur, qui entoure l'atelier et porte leur température intérieure à trente degrés, terme qu'il ne faut pas dépasser, autrement la vaporisation du vinaigre serait trop rapide, et il y aurait beaucoup de vapeurs dégagées en pure perte.

Au bout de quinze jours, on peut ouvrir les caisses, et si l'opération a été bien conduite, on doit recueillir un poids de carbonate égal à celui du métal employé (1).

Comme le blanc de plomb formé dans cette opération n'a pu acquérir la dureté de celui qu'on

---

(1) Le carbonate de plomb contient à peu près 16 pour 100 d'acide carbonique.

obtient par la méthode hollandaise, il n'est pas nécessaire de le broyer; on l'obtient très divisé par la lévigation, au moyen d'un appareil extrêmement simple.

Il est composé d'une grande caisse contenant neuf cases ou compartimens, de hauteur décroissante. On met dans la case la plus élevée les écailles de blanc de plomb, séparées préalablement du métal qui n'a point été attaqué. On y fait arriver de l'eau d'un réservoir supérieur, et l'on remue fortement avec un râble : l'eau déborde bientôt, s'écoule dans la seconde case, puis dans la troisième, et arrive ainsi successivement dans la neuvième.

On conçoit que les molécules du blanc de plomb, entraînées par l'eau, sont d'autant plus ténues qu'elles ont été charriées plus loin. Ce qui se trouve dans les cases inférieures est donc le blanc de première qualité. On vide les cases dans de grands cuviers, où le dépôt se fait en plus ou moins de temps : on le recueille ensuite, et lorsqu'il est suffisamment égoutté, on le met dans des vases de terre poreux, où il sèche et prend la forme de pains carrés.

Cette dessiccation se fait dans l'étuve même, où s'opère la conversion du métal en blanc de plomb.

Le blanc de Krems est le plus éclatant que les peintres puissent employer dans la peinture à l'huile. Il a un peu moins de corps que le blanc en écailles, parce que ses molécules sont plus divisées; mais à poids égal, il couvrirait une plus grande surface. Lorsqu'il est nouvellement préparé, il répand une vive odeur de vinaigre.

La Société d'encouragement pour l'industrie nationale proposa, dès l'époque de sa formation, un prix pour le perfectionnement des céruses. Elle exigeait pour conditions que le procédé fût économique, et qu'il donnât des produits comparables aux plus beaux blancs du commerce. Après huit années d'attente, le prix fut gagné par MM. *Brechoz* et *Le Sueur*, alors établis à Pontoise. Les échantillons qu'ils présentèrent parurent tellement semblables au plus beau blanc de Krems, que les commissaires chargés de les examiner les crurent préparés par la même méthode. Ils ne furent détrompés, à cet égard, que lorsque MM. *Cadet de Gassicourt* et *Marcel de Serres* firent connaître le procédé suivi dans les fabriques autrichiennes (1).

La découverte couronnée par la Société d'en-

---

(1) Voyez le Bulletin de la Société d'encouragement, huitième année.

couragement a reçu des perfectionnemens importans dans un vaste établissement formé à Clichy.

Le procédé de cette fabrique diffère entièrement des deux que je viens de décrire. On prépare en très peu de temps la céruse en formant, avec du gaz acide carbonique, un précipité dans une dissolution sursaturée de protoxide de plomb.

Cette dissolution est préparée en agitant à froid de la litharge et du vinaigre distillé.

Lorsqu'elle est au degré convenable de concentration, on fait passer au travers un courant de gaz acide carbonique, qui se combine avec la plus grande partie de l'oxide de plomb dissous : on recueille le précipité, on le lave avec soin et on le fait sécher.

Le liquide surnageant est du vinaigre tenant encore du protoxide de plomb en dissolution, et qui, mis de nouveau en contact avec la litharge, s'en sursature comme la première fois. Il n'a rien perdu de sa force.

L'acide carbonique qu'on emploie est retiré de la combustion du charbon. Avant d'être introduit dans la dissolution, il est lavé dans une masse d'eau considérable, où il se dépouille entièrement d'une portion de cendre et de gaz hydrogène huileux, qui se dégage avec lui et qui noircirait la céruse.

Les appareils ingénieux imaginés pour opérer la précipitation sont une propriété des inventeurs, qui seuls ont droit de les rendre publics. Il serait d'ailleurs très difficile de les décrire sans le secours d'un dessin détaillé ; mais comme un peintre peut se trouver dans un lieu où il lui serait impossible de se procurer de beau blanc de plomb, je crois utile de décrire le procédé à l'aide duquel il pourrait, en peu de jours, en préparer une quantité suffisante pour ses besoins.

Je suppose, toutefois, qu'il ait à sa disposition du vinaigre, de la litharge, ou seulement du plomb.

Il faut d'abord distiller le vinaigre, puis le sursaturer d'oxide de plomb, en le combinant avec de la litharge. Si la litharge est de mauvaise qualité, si elle contient du cuivre (1), il vaut mieux alors convertir du plomb en massicot ; ce qu'on peut faire très aisément en le calcinant dans une chaudière de fer.

Pour opérer la saturation, on peut se servir d'un petit baril en bois blanc, traversé dans sa

---

(1) Cependant le cuivre, n'étant pas précipité par l'acide carbonique, resterait dans la liqueur, d'où on le précipiterait à l'état métallique par le fer.

longueur par un axe en bois, auquel on adapte une manivelle. En le faisant tourner, on obtient en peu de temps une dissolution sursaturée : on la décante, et, lorsqu'elle est éclaircie par le repos, on la verse dans un vase long.

Pour former dans cette dissolution le précipité résultant de la combinaison de l'acide carbonique, on dégage cet acide de la craie, au moyen de l'acide sulfurique.

A cet effet, on délaie de la craie et on en remplit, au quart environ, un flacon à deux tubulures; ou, si on ne peut s'en procurer, on en choisit un dont le goulot soit assez large pour admettre un gros bouchon de liége, qu'on perce de deux trous. On fait entrer dans l'un des trous le bec d'un entonnoir, et on adapte à l'autre un tube de verre recourbé, dont l'extrémité plonge jusqu'au fond d'un flacon rempli d'eau aux trois quarts. Ce flacon est également fermé par un bouchon percé de deux trous, et le tube passe par un de ces trous; un second tube recourbé est fixé à l'autre trou, et descend jusqu'au fond du vase contenant la dissolution : c'est ce qu'on appelle un appareil de *Waulf*. Le flacon intermédiaire rempli d'eau a pour objet de laver le gaz et de le débarrasser d'un peu d'acide sulfurique qu'il pourrait contenir.

Les tubes et l'entonnoir doivent être lutés de manière qu'aucun gaz ne puisse s'échapper que par les tubes. On les lute avec du papier et de la colle de farine.

L'appareil ainsi disposé, il faut verser, par l'entonnoir, de l'acide sulfurique étendu de dix à douze fois son poids d'eau, et comme le gaz s'échapperait par le bec de l'entonnoir, on le ferme avec une espèce de piston, que l'on fait en entourant de filasse ou de coton un tube de verre, ou même une baguette de bois. On peut alors remplir l'entonnoir d'acide affaibli, et en soulevant le piston de temps en temps, on en fait tomber un peu et on bouche l'entonnoir.

Le gaz se dégage aussitôt, passe au travers de l'eau du flacon, où il se purifie; de là, entre dans le vase contenant l'acétate de plomb saturé, et forme un précipité d'un beau blanc, qui est le carbonate de plomb. On agite le liquide pour faciliter la combinaison, et on continue jusqu'à ce que l'acide carbonique ne forme plus de précipité.

On laisse reposer; on décante le liquide surnageant, qui est du vinaigre encore très chargé d'oxide de plomb. On peut l'en sursaturer encore, et précipiter une nouvelle quantité de blanc.

On lave à grande eau le précipité; on le laisse

déposer, on le recueille et on le fait sécher. Tout cela peut être fait en moins de huit jours.

Le blanc de plomb ne s'emploie que dans la peinture à l'huile, et même il noircirait et serait à la longue ramené à la couleur du sulfure de plomb, s'il n'était défendu, par une couche de vernis, de l'action des vapeurs hydrosulfureuses plus ou moins fréquemment répandues dans l'atmosphère.

On ne doit donc jamais se servir de blanc de plomb à la détrempe. On a un exemple frappant de l'altération dont je viens de parler dans les collections d'anciens dessins rehaussés de blanc. Ces blancs sont devenus noirs dans ceux où l'on a employé du blanc de plomb. Heureusement M. *Thénard* a trouvé le moyen de ramener à leur blancheur première ces touches de blanc noircies par le contact des vapeurs hydrosulfurées. Ce savant chimiste fut consulté, il y a quelques années, sur les moyens de faire disparaître les taches noires formées sur un dessin précieux par l'altération du blanc de plomb : il venait alors de terminer ses expériences sur l'*eau oxigénée,* dont il avait fait la découverte. Parmi les nombreuses propriétés de cette eau, il avait reconnu celle de convertir instantanément le sulfure de plomb en sulfate, qui est blanc. Il en fit aussitôt l'application : quelques coups de pinceau imprégné d'eau très faiblement oxigénée (1) suffirent pour faire disparaître la couleur noire du blanc et la ramener à son état primitif, sans altérer en rien la teinte bistrée du papier (2).

---

(1) L'eau qui, dans son état naturel, contient un volume d'oxigène égal au sien, peut se combiner avec le double, c'est à dire en contenir deux volumes.

(2) Voyez *Annales de chimie et de physique*, tome XIV, page 221.

CHAPITRE V.

DE LA PRÉPARATION ET DE L'IMPRESSION DES PANNEAUX, DES TOILES ET DES MURS.

Depuis la renaissance des arts en Italie jusqu'au temps de *Raphaël*, on peignait sur bois tous les tableaux qui ne devaient pas être exécutés sur place; la toile, réunissant les avantages d'une préparation moins dispendieuse et d'un transport plus facile, devait être adoptée de préférence: aussi, après *Raphaël*, on ne peignit plus, en Italie, de grands tableaux sur bois.

Dans les Pays-Bas, l'emploi des panneaux eut une plus longue durée : au temps de *Rubens*, il y avait à Anvers une fabrique célèbre, où l'on en préparait d'une très grande dimension; mais après la mort de ce chef de l'École flamande, on ne peignit plus sur bois que des tableaux de chevalet.

En Italie, les panneaux étaient en bois de peuplier; en Flandre, on préféra le chêne, qui n'est presque jamais attaqué par les vers.

On devait craindre que des panneaux, composés de plusieurs planches collées ensemble, ne se disjoignissent par l'effet des alternatives de sécheresse et d'humidité auxquelles les tableaux sont toujours plus ou moins exposés. Afin de prévenir ces accidens, on prenait, dans les premiers temps, des précautions particulières, qu'on négligea dans la suite. On collait des bandes de toile sur les jointures des planches; quelquefois même on couvrait la surface entière du panneau d'une toile ou d'un cuir noir tanné. Le collage des bandes de toile est attribué par *Vasari* à *Margheritone*, qui vivait dans le XIIe. siècle; mais il était déjà pratiqué avant lui, puisqu'on trouve ce procédé décrit dans le traité de *Théophile, De arte pingendi*. Il est probable qu'il avait été importé en Italie par les peintres grecs.

Théophile nous apprend que les planches dont se composaient les panneaux préparés d'abord avec l'outil des tonneliers (le rabot sans doute), étaient collées avec une colle de fromage dont il décrit la préparation, et il assure qu'étant ainsi jointes, l'humidité ni la sécheresse ne pouvaient les désunir. Cet effet très remarquable vient d'être vérifié par des expériences qui ne laissent aucun doute sur la supériorité de ce mode de collage (1). Je crois donc rendre un service aux arts en le faisant connaître.

On prend du fromage mou fait de lait écrémé (2) : on le triture et on le lave à l'eau chaude, jusqu'à ce que l'eau en ait enlevé toutes les parties solubles.

On peut faire ce lavage sur un tamis ou sur une toile, dans laquelle on comprime ensuite le fromage, pour en exprimer l'eau. Ainsi égoutté,

---

(1) On a exposé, pendant un mois, aux alternatives de la pluie et du soleil des bois plaqués, les uns avec la meilleure colle de gélatine, les autres avec de la colle de fromage. Les premiers, après avoir été mouillés, se sont décollés à la première impression du soleil, les autres ont parfaitement résisté.

Voici le texte de *Théophile :*

(2) Caseus mollis de vaccâ minutatìm incidatur et aquâ calidâ in mortariolo cum pilâ tamdiù lavetur, donec aqua multoties infusa pura indè exeat. Deindè idem caseus attenuatus manu mittatur in frigidam aquam donec indurescat. Post hoc teratur minutissimè super ligneam tabulam æqualem cum altero ligno; sicque rursùm mittatur in mortariolum et cum pilâ diligenter tundatur additâ aquâ cum vivâ calce mixtâ, donec sic spissum factum sit ut sunt feces.

Hoc glutine tabulæ compaginatæ, postquàm siccantur, itâ sibi inhærent, ut nec humore nec calore disjungi possint.

il s'émiette comme de la mie de pain. On peut alors le faire sécher sur du papier non collé; une fois sec, il se conserve indéfiniment.

Cette matière, qui est du *caseum* mêlé d'un peu de beurre, n'est pas soluble dans l'eau; mais elle le devient par l'addition de la chaux vive. En triturant ce mélange, on le transforme instantanément en une crème très visqueuse, qu'on étend plus ou moins d'eau, suivant l'usage auquel on destine cette colle.

Elle sèche très promptement, et une fois sèche, elle ne se redissout plus : on est donc obligé de n'en préparer qu'à mesure du besoin et de l'employer très rapidement. C'est sans doute cet inconvénient qui en a fait abandonner l'usage. Toutefois l'avantage d'une plus grande solidité compense amplement les difficultés de la préparation et de l'emploi. D'ailleurs on diminuerait ces difficultés en conservant dans un flacon bien bouché de la chaux vive en poudre, pour en faire le mélange avec le *caseum*, au moment de le triturer. Quelques coups de molette suffiraient pour cela, surtout si l'on avait eu la précaution de faire ramollir le *caseum* dans l'eau chaude. Il serait encore plus expéditif d'avoir, dans un vase à l'abri de l'action de l'air, les deux matières préalablement mélangées dans les proportions convenables, et réduites en poudre assez fine pour que la trituration ne donnât aucune peine (1).

L'impression des panneaux se faisait anciennement avec de la craie délayée dans de la colle animale : c'est la même préparation dont on recouvrait et dont on recouvre encore les bois que l'on veut dorer. Au lieu de craie, on se servait de préférence de plâtre éteint, et le mot *ingessare*, plâtrer, couvrir de plâtre, est employé par les auteurs italiens pour exprimer l'action d'appliquer sur les panneaux une couche de détrempe. J'ai eu occasion de faire analyser un morceau de l'impression d'un tableau du *Titien*, peint sur bois; on y a trouvé du plâtre, de l'amidon, et point de gélatine : ainsi le plâtre était détrempé avec de la colle de farine, au lieu de gélatine.

On a également trouvé, dans la couche de détrempe qui recouvrait une enveloppe de momie, du plâtre mêlé de colle animale.

Dans l'origine, les toiles dûrent être préparées

---

(1) Les Anglais vendent, sous le nom de *colle de Vancouver*, une poudre blanche contenue dans de très petits flacons. Ce n'est autre chose qu'un mélange de chaux et de caséum ou de blanc d'œuf desséché.

comme les panneaux avec une impression en détrempe, et nous avons déjà fait observer que les tableaux sur toile, de *Paul Veronèse*, sont en général sur de pareilles impressions en plâtre. Aujourd'hui, on imprime les toiles à l'huile, et selon que le tissu en est plus ou moins serré, on emploie une méthode différente.

Lorsque la toile est d'un tissu assez lâche pour que la couleur passe au travers, on commence par en boucher les trous au moyen d'un encollage, pour lequel on se sert de colle de gants figée. On applique cette colle au moyen d'un grand couteau dont le manche est coudé comme celui d'une truelle, afin que la main de l'ouvrier ne puisse toucher la toile. Le tranchant de ce couteau est émoussé et droit comme une règle; de façon qu'en le promenant sur la surface de la toile fortement tendue, on rend la couche de colle parfaitement unie et égale.

Lorsque l'encollage est sec, on enlève, avec la pierre-ponce, les nœuds saillans; ensuite, avec le couteau, on applique une couche de blanc de céruse. Lorsqu'elle est parfaitement sèche, on la ponce, on applique une seconde couche et quelquefois une troisième, afin d'obtenir une surface plus unie.

Autrefois, la première couche d'impression

était en brun rouge mêlé de terre d'Ombre, ou en terre d'Ombre pure. On avait même imaginé, il y a une cinquantaine d'années, pour accélérer la dessiccation de cette couleur, d'y mêler de la litharge. Il est résulté de là que les tableaux peints sur de pareilles préparations se recouvraient, à leur surface, d'une infinité de petits grains saillans, provenant de la litharge mal broyée (1). Aujourd'hui les peintres sont beaucoup plus soigneux, et les marchands de couleurs sont, par leur intérêt, excités à bien préparer leurs toiles; la moindre négligence à cet égard leur ferait perdre leur crédit.

Les toiles qu'on imprime sans encollage doivent être d'un grain serré et uni. Le coutil offre particulièrement ces avantages; il ne s'en trouve pas, il est vrai, d'une largeur au delà de 2 mètres; mais du moment qu'on en demanderait aux tisserands, ils trouveraient bientôt le moyen d'en fabriquer d'aussi large qu'on pourrait le désirer.

L'impression des toiles sans encollage exige trois à quatre couches de couleurs lorsqu'on veut avoir une surface unie : or, avant d'appli-

---

(1) Si la litharge était parfaitement broyée, cet effet n'aurait pas lieu.

quer une nouvelle couche, on est obligé d'attendre que la précédente soit suffisamment sèche pour être poncée : c'est pourquoi l'impression des toiles exige au moins deux ou trois mois en été, et cinq à six dans l'hiver.

On peut abréger considérablement le temps en imprimant en détrempe les deux premières couches : lorsqu'elles sont sèches et unies avec la pierre-ponce, on applique une dernière couche à l'huile très liquide. Cette huile pénètre l'impression en détrempe et la rend très souple, particulièrement si on emploie de l'huile devenue visqueuse par son exposition à l'air. Alors elle n'est parfaitement sèche qu'après un long espace de temps : ainsi, jusqu'à ce que leur dessiccation soit complète, on peut rouler ces toiles comme les toiles cirées (1).

Comme la flexibilité de ces toiles dépend de l'union intime de la couleur de la détrempe avec l'huile, on en facilite l'absorption en employant une colle très faible, mêlée d'un peu d'huile et de

---

(1) M. *Rey* est le premier de nos marchands de couleurs qui ait employé ce procédé. Il avait donné à ces toiles le nom de *toiles absorbantes ;* elles sont demeurées souples plusieurs années. (V. le *Bulletin de la Société d'encouragement*, quinzième année.)

beaucoup de mucilage de graine de lin; on peut même n'employer que ce mucilage très épais, obtenu à l'aide de l'ébullition.

Une pareille impression peut se faire en quatre ou cinq jours, c'est donc une économie de temps considérable. On a même prétendu qu'on pouvait peindre de suite sur de pareilles toiles nouvellement préparées, et que les couleurs changeraient moins que sur des toiles sèches. Je ne partage pas cette opinion : l'huile visqueuse que l'on emploie dans cette impression, et à laquelle est due la souplesse de la toile, ne sèche que très lentement; dès lors les couleurs, éprouvant plus long-temps l'action chimique de l'huile, doivent s'altérer. Je pense donc que si l'on était obligé de peindre sur une toile ainsi préparée depuis peu de temps, il faudrait appliquer par derrière une couche épaisse de blanc de craie très peu collé, afin d'absorber l'excès d'huile des couleurs; mieux vaudrait encore, comme on le verra, peindre sur un fond en détrempe.

De l'impression du taffetas.

On conçoit aisément que l'impression du taffetas peut être faite comme celle des toiles; mais il est nécessaire d'observer que le taffetas est employé le plus souvent pour des peintures que l'on colle sous verre : il faut alors se donner de garde d'y appliquer un encollage. On doit songer que l'on est de temps à autre obligé de décoller ces peintures, soit parce que le verre s'est cassé, soit parce que la gomme n'y adhère plus dans quelques points. Alors on les met tremper dans l'eau, et au bout de quelques jours, elles se détachent d'elles-mêmes. Or, si on avait mis sur le taffetas un encollage avant la couche d'impression à l'huile, il serait dissous bien avant que la gomme qui fixe la peinture au verre ne fût ramollie.

Il faut donc que le taffetas destiné aux peintures que l'on fixe sous verre soit imprimé comme nos toiles cirées.

Pour cela, on broie de belle céruse avec de l'huile rendue visqueuse par une longue exposition à l'air, et dans laquelle il est bon de faire fondre un peu de cire pure. On donne deux couches très claires de cette couleur, et le taffetas ainsi préparé conserve de la souplesse pendant plusieurs années.

Depuis long-temps on ne peint plus sur cuivre. La préparation des planches de cuivre ne présente d'ailleurs aucune difficulté : on les ponce, afin de leur donner un peu de grain qui fasse adhérer davantage la couleur ; et pour rendre l'impression plus solide, il faut la détremper avec du vernis au copal.

De l'impression sur les murs.

Les murs sont rarement composés de pierres d'un grain assez fin pour qu'on puisse peindre dessus : c'est pourquoi on recouvre d'une couche de ciment ou de plâtre les coupoles et les parties de murailles sur lesquelles on doit exécuter des tableaux. Lorsque l'enduit est parfaitement sec, on applique dessus plusieurs couches d'huile de lin bouillante, que l'on recouvre ensuite de blanc de céruse, ou de telle autre couleur à laquelle le peintre peut donner la préférence.

Les cimens sont ordinairement composés de chaux vive et de sable, ou de brique pilée : ils durent autant que la pierre, s'ils sont bien préparés ; mais la négligence des ouvriers peut, avec d'excellens matériaux, faire un très mauvais mortier. Un ciment huileux serait donc préférable : on le composerait avec de la chaux vive, de l'huile de lin visqueuse, du blanc de céruse et du sable fin. C'est à très peu de chose près le ciment dont on fait usage dans la mosaïque, lequel est composé de marbre réduit en poudre, de chaux vive et d'huile siccative. La chaux vive et l'huile forment une pâte extrêmement gluante, et qui coule au point qu'on ne pourrait l'employer; mais lorsque l'huile est très visqueuse, le ciment est plus ferme et se maintient comme on l'applique. Quelque coulant qu'il soit, il se raffermit en peu de jours, et il est meilleur quand il est préparé depuis quelque temps.

Au lieu d'huile bouillante, dont on se servait autrefois pour enduire et pénétrer le mortier, je préfère le mélange d'huile siccative et de cire, dont on a fait usage pour la coupole de Sainte-Geneviève.

Après avoir échauffé le mur avec un réchaud muni d'un réflecteur, on applique la composition chaude, et pour la faire pénétrer plus avant, on continue de chauffer jusqu'au refus.

Avec une pareille préparation, la peinture ne s'emboit pas, et l'on n'a point à craindre l'humidité : elle est également bonne pour le plâtre; elle arrête les progrès du salpêtre (1).

---

(1) MM. d'*Arcet* et *Thénard*, qui ont dirigé l'opération de la coupole de Sainte-Geneviève, ont composé l'enduit d'une partie de cire et de trois parties d'huile cuite avec un dixième de son poids de litharge. (Voyez le *Mémoire pu-*

MÉTHODE EXPÉDITIVE D'ÉBAUCHER SUR DES FONDS IMPRIMÉS EN DÉTREMPE.

Je dois maintenant, ainsi que je m'y suis engagé, faire connaître en détail la méthode expéditive d'ébaucher sur des impressions en détrempe, suivie par *Paul Veronèse* et, avant lui, par d'autres peintres, à l'époque où l'on commença à quitter la détrempe pour la peinture à l'huile. Ce moyen mixte dut être le passage de l'ancien au nouveau procédé.

La toile ou le panneau étant convenablement préparé à la détrempe, on ébauche avec des couleurs à l'eau très peu collées, et auxquelles on ajoute un peu d'huile ou, mieux encore, de l'émulsion de noix ou de graine de pavot. On n'emploie pas de blanc ni de couleurs opaques dans cette ébauche : il est mieux qu'elle ne soit qu'une aquarelle.

Veut-on faire quelques changemens, on efface avec une éponge mouillée les parties que l'on veut corriger; mais il ne faut pas que l'impression puisse se détremper : c'est pour cela qu'elle doit

---

blié sur l'emploi des corps gras, dans le tome XXXII des *Annales de chimie et de physique*, page 24.)

être faite avec une colle qui, une fois sèche, ne se détrempe plus à l'eau. J'ai déjà fait observer que telle est la propriété de la colle de caséum ; c'est donc celle-là qu'il faut employer. On y mêlerait un peu d'huile ou une émulsion huileuse, et il ne faudrait mettre de cette colle que le moins possible, afin que l'impression absorbe mieux l'huile (1).

Ceux qui ont peint en détrempe savent avec quelle facilité les couleurs, dans ce genre de peinture, s'étendent sous le pinceau. On aura donc terminé l'ébauche beaucoup plus promptement qu'on ne peut le faire à l'huile, et rien n'empêche d'y apporter le même soin, ni de faire toutes les corrections qu'on jugera convenables. On les fera même avec plus de facilité, puisqu'au lieu de gratter les parties que l'on veut changer, on peut les faire disparaître en un instant avec une éponge mouillée.

Si l'on voulait de suite peindre à l'huile sur cette ébauche, l'huile des couleurs serait absorbée sur-le-champ, au point qu'on aurait beaucoup

---

(1) Le plâtre éteint ne se détremperait pas à l'eau. Dans tous les cas, il sera bon d'appliquer derrière la toile une couche de blanc de craie très peu collé.

de peine à les étendre : c'est pourquoi, avant de peindre, il faut appliquer sur la toile une couche d'huile siccative blanche, qui, à la vérité, s'emboira aussitôt et s'incorporera avec la couleur de l'impression; mais cela suffira pour empêcher qu'il n'y ait une nouvelle absorption. On parviendra ensuite très aisément à prévenir les embus, en enduisant avec un vernis suffisamment visqueux la partie que l'on veut repeindre.

Ce procédé offre non seulement l'avantage d'économiser un temps considérable, soit dans la préparation des toiles, soit dans l'ébauche des tableaux, il rend encore les couleurs plus brillantes et moins sujettes à changer. En effet, avec les toiles imprimées par les procédés ordinaires, l'huile des couleurs, enfermée entre l'impression et les dernières couches de peinture, reste long-temps sans sécher, alors elle réagit sur les couleurs; tandis que, dans un tableau fait sur une impression en détrempe, l'huile surabondante sort par le derrière de la toile, ou pénètre dans l'intérieur du bois, si l'impression est sur un panneau.

CHAPITRE VI.

DE LA CONSERVATION DES TABLEAUX ET DE LEUR RESTAURATION.

J'ai déjà fait connaître l'altération que l'air et la lumière font éprouver aux couleurs, aux huiles et aux vernis.

Il y a très peu de couleurs qui ne soient promptement altérées par l'action directe et prolongée de la lumière, il ne faut donc pas qu'un tableau reste exposé long-temps aux rayons du soleil.

J'ai également fait observer que les corps gras jaunissent d'autant plus promptement qu'ils sont placés dans l'obscurité et dans des lieux où l'air est moins pur.

Il suit de là que le lieu le plus convenable pour la conservation des tableaux est une salle bien aérée, éclairée par un jour du nord.

Les vernis qu'on applique sur les tableaux deviennent jaunes et perdent leur transparence en plus ou moins de temps. Lorsque cette altération est parvenue au point où le vernis nuit plutôt qu'il ne sert à l'effet du tableau, il faut l'enlever et en remettre un autre; opération assez facile, tant qu'on ne rencontre que des vernis ordinaires composés de mastic dissous dans l'huile volatile de térébenthine; mais quelques peintres ont cru pouvoir employer des vernis huileux, tels que le vernis au copal, et il est très difficile de les enlever. Dans tous les cas, même lorsqu'il ne s'agit que d'enlever un vernis tendre, il y a des précautions à prendre pour ne pas attaquer les glacis.

Le procédé le plus ordinairement employé pour enlever le vernis d'un tableau consiste à en frotter la surface avec le bout des doigts, que l'on a préalablement dégraissés avec un peu d'une résine quelconque. Ce frottement réduit aussitôt le vernis en poussière, et en continuant de frotter, on le fait disparaître en entier.

On conçoit qu'une pareille manutention doit user l'épiderme; c'est pourquoi il est mieux de se servir d'un morceau de peau: mais de quelque manière qu'on opère, il faut essuyer souvent la poussière, pour s'assurer qu'on n'effleure pas la peinture.

On peut encore enlever le vernis en le dissolvant avec un mélange d'alcool, d'essence de térébenthine et d'huile.

On tient de chaque main un petit tampon de coton imbibé, l'un du mélange ci-dessus, l'autre d'huile pure. On commence par frotter d'huile la place que l'on veut *dévernir*, ensuite on emploie le mélange spiritueux, qui dissout le vernis très rapidement : c'est pourquoi il ne faut frotter que pendant quelques secondes, et de suite on doit arrêter l'action dissolvante avec le coton imbibé d'huile : sans cette précaution, on s'exposerait à dissoudre une partie de la couleur. De plus, on a soin d'examiner à chaque instant l'état du tampon dissolvant, pour voir s'il n'a attaqué que le vernis.

Comme l'action sur le vernis dépend de la proportion d'alcool contenue dans le mélange, il vaut mieux en mettre moins et rendre plus lente l'action dissolvante, que de s'exposer à dissoudre la peinture.

La restauration des tableaux ne présente pas beaucoup de difficultés, tant qu'ils n'ont reçu d'autre altération que le jaunissement du vernis tendre qui les recouvre; mais lorsque, pendant une longue suite d'années, ils ont été exposés sans précautions aux diverses causes qui amènent leur destruction, lorsque la toile est déchirée ou à demi pourrie, lorsque les panneaux sont disjoints ou que la couleur est prête à s'en détacher au moindre choc, il ne semble pas possible de remédier à de pareils accidens : cependant, quelque imminente que paraisse la complète destruction de ces tableaux, on parvient à les sauver, en enlevant la peinture de dessus son fond, quel qu'il soit, et en la recollant solidement sur une nouvelle toile.

Je vais décrire cette importante partie de la restauration des tableaux, en commençant par l'opération la plus facile, le rentoilage des tableaux peints sur toile.

On est obligé de remettre un tableau sur toile lorsque la toile est déchirée, lors même qu'elle n'a d'autre mal que d'être usée par les bords, au point qu'il n'y ait plus de prise pour la clouer sur le châssis. Dans cet état, il est possible que la peinture soit partout solidement adhérente à la toile, alors on se contente de la coller sur une autre ; mais si la couleur est prête à s'en détacher par écailles, il est indispensable d'enlever la vieille toile.

Dans tous les cas, on commence par coller du papier sur la surface du tableau, afin de pouvoir le manier sans danger, et quelquefois on en colle plusieurs feuilles l'une sur l'autre.

Si la vieille toile doit être enlevée, il est de la plus grande importance que le papier adhère par toute la surface : dans ce cas, on colle d'abord de la gaze, et l'air sortant avec facilité, il ne peut y avoir de soufflures.

Si le tableau est extrêmement desséché, il convient d'appliquer dessus plusieurs couches d'huile mêlée d'un peu d'essence de térébenthine. Cette huile pénètre la peinture devenue trop aride, et recolle les parties de couleur prêtes à se détacher; mais la colle ne prendrait pas sur une surface grasse : c'est pourquoi, après avoir bien essuyé le tableau, on dégraisse sa surface avec une légère dissolution de soude ou de potasse.

La colle dont on se sert est préparée avec parties égales de colle de Flandre et de farine de seigle : on la préfère à celle de froment, parce que la colle préparée avec cette farine se conserve plus long-temps humide et est moins cassante. Le papier doit être mince, peu collé, très uni et ébarbé avec soin.

Ayant ainsi fixé très solidement le tableau à l'espèce de cartonnage appliqué à sa surface, on procède à l'enlèvement de la vieille toile; ce qui ne présente aucune difficulté, si elle a été encollée avant de recevoir les couches d'impression : il suffit, dans ce cas, de la mouiller légèrement avec une éponge. La colle ne tarde pas à se détremper, et la toile se détache en cédant au moindre effort. S'il n'y a pas d'encollage sous la couche d'impression, il faut user la toile avec de la pierre-ponce ou une râpe.

Pour procéder au rentoilage, on tend sur un châssis une toile neuve, forte et unie : on en fait disparaître les nœuds avec la pierre-ponce, puis on encolle bien également sa surface. On met de même une couche de colle sur l'envers du tableau, que l'on a bien nettoyé de toutes les inégalités qui peuvent s'y trouver. Alors on l'applique sur la toile, avec les précautions convenables pour éviter les soufflures : on ne la fait donc adhérer que successivement. On fait sortir l'air et l'excès de colle, en les poussant toujours du centre vers les bords.

Lorsque la colle est presque sèche, on promène sur la surface du tableau un fer à repasser, qui n'est pas assez chaud pour endommager la peinture, mais qui l'est assez pour fondre la gélatine contenue dans la colle de pâte. Elle la fait pénétrer dans toutes les fissures, et recolle les écailles prêtes à se détacher. Le but de cette opération est aussi de rendre unie la surface du tableau ; c'est pourquoi on passe le fer à plusieurs reprises, en commençant toujours par les bords, où l'humidité est maintenue plus long-temps par les bois du châssis, qui empêchent l'accès de l'air extérieur. On laisse encore le tableau pendant plusieurs jours dans un lieu très sec, il ne reste plus alors qu'à décoller le cartonnage appliqué sur la peinture; ce que l'on fait à l'aide d'une éponge mouillée.

Cette opération pourrait rendre assez d'humidité pour décoller les bords du tableau : c'est pourquoi on les maintient en collant sur les bords du châssis de petites bandes de papier, qui s'étendent un peu sur le tableau.

Lorsqu'on a enlevé le papier, il arrive quelquefois que l'on trouve sur le tableau l'empreinte des marges superposées des feuilles : cet effet a lieu lorsqu'on a employé du papier trop épais. Pour faire disparaître ces empreintes, il faut de nouveau coller du papier mince très uni, et disposer les feuilles de manière que les endroits où se trouvent les traces produites par la superposition des marges soient couverts par le milieu des nouvelles feuilles, et lorsqu'on emploie le fer on ne le passe que sur les endroits qu'on veut aplanir.

Si la toile n'est endommagée que par une légère déchirure, on peut réparer le mal sans être obligé de rentoiler le tableau. On le met à plat sur une table, et l'on applique sur l'endroit endommagé plusieurs morceaux de gaze, que l'on colle l'un sur l'autre avec un mastic très ferme, composé de blanc de céruse et d'huile extrêmement visqueuse. On pose sur cette espèce d'emplâtre un morceau de marbre, ou une tablette de bois que l'on charge d'un poids, et on maintient cette pression pendant un jour ou deux.

S'il s'agit d'enlever un tableau de dessus un panneau, on commence toujours de la même manière; c'est à dire qu'on se rend maître de la peinture, en collant dessus de la gaze et plusieurs feuilles doubles de papier. Ce cartonnage étant parfaitement sec, on pose le tableau à plat sur une table bien unie, et avec une scie montée de manière qu'elle ne puisse pénétrer dans toute l'épaisseur du bois, on scie le panneau par petits carrés, qu'on enlève ensuite très facilement avec un ciseau : on approche ainsi très près de la peinture sans courir le risque de l'endommager. Alors, avec un petit rabot et des râpes on réduit le bois à une si mince épaisseur, qu'en le mouillant légèrement avec une éponge, on le détache sans peine, et l'on met à découvert l'impression en détrempe, qui avait été appliquée sur le panneau avant de commencer le tableau. On enlève cette impression, qui presque toujours est fendillée comme la faïence qui a été sur le feu. On procède ensuite au rentoilage, comme il a été dit plus haut.

Si le dommage n'a lieu que dans une partie du panneau ; si le bois est d'ailleurs sain et que l'humidité n'ait attaqué la peinture qu'en quelques endroits, où elle se trouve prête à se détacher du fond, on remédie à ce mal local sans enlever le tableau : dans ce cas, on verse sur la partie endommagée de la colle-forte chaude, qui pénètre par les fentes sous les écailles. Lorsque la colle est figée, on enlève tout ce qui reste à la surface de la peinture, et l'on colle du papier sur cette place avec une colle de pâte très légère. Lorsque le papier est sec, on passe dessus le fer chaud, qui fond la colle, la répand uniformément sous les écailles, et les rattache d'une manière très solide. On mêle à la colle-forte environ un huitième d'huile siccative blanche, laquelle s'y combine et la rend moins accessible à l'humidité (1).

Lorsqu'un panneau est fendu ou qu'il s'est déjeté, on y remédie en collant derrière ce qu'on

---

(1) Il doit paraître assez extraordinaire que l'huile puisse se mêler à la colle ; toutefois l'expérience prouve que la combinaison a lieu, et ce mélange résiste mieux aux alternatives de la sécheresse et de l'humidité.

appelle un *parquet* : c'est un grillage en bois de sapin, dont on colle seulement une partie des barres, celles qui sont dans la direction des fibres du bois du panneau. Les barres transversales sont maintenues par les premières dans des entailles faites dans leur épaisseur, dans lesquelles elles sont engagées. Elles ne sont point collées au panneau, car le mouvement dans le bois s'opérant toujours sur la largeur, elles ne pourraient y adhérer solidement; elles servent seulement, par leur pression, à maintenir le panneau de manière qu'il ne puisse plus se déjeter.

L'enlèvement d'un tableau peint sur mur ne présente pas plus de difficultés, bien qu'on ne puisse attaquer le mur par derrière comme un panneau. Lorsqu'on a appliqué sur la peinture un fort cartonnage, on fait dans le mur autour du tableau une entaille assez large pour pouvoir, avec un ciseau, détacher du mur le ciment, sur lequel ordinairement le tableau est peint. Cet enduit, qui n'a pas plus de 8 ou 10 centimètres d'épaisseur, se détache facilement et reste adhérent à la peinture.

A mesure que l'enduit se sépare du mur, on roule le tableau sur un gros cylindre pour le transporter. Il reste à enlever le ciment adhérent à la peinture, on y parvient avec un ciseau : c'est une besogne qui exige plus de patience encore que d'adresse.

Si le tableau était peint immédiatement sur la pierre, sans aucun enduit de mortier (1), on parviendrait encore à l'en détacher en s'y prenant comme un écorcheur, et se servant d'un ciseau ayant des dents comme une scie, et aiguisé de manière qu'il tendît toujours à mordre du côté du mur.

Si le tableau que l'on rentoile devait être placé dans un endroit humide, il faudrait, au lieu de colle de pâte mêlée de gélatine, employer un mordant huileux, tel à peu près que celui dont se servent les doreurs. Ce rentoilage a été exécuté avec succès sur quelques tableaux du Musée. On peut composer le mordant avec de l'huile de lin épaissie par une longue ébullition. On broierait du blanc de céruse et un peu de minium très fin avec cette huile visqueuse, et on en appliquerait une couche bien égale sur la toile neuve et sur le tableau, soit à l'aide d'une brosse ferme, soit à l'aide du couteau dont on se sert pour l'impression des toiles cirées.

---

(1) Le plafond de Sainte-Geneviève est sur la pierre enduite seulement d'une couche d'huile mêlée de résine et de cire. Voyez l'article *Impression des murs*.

On attendrait quelque temps que cet enduit fût à demi sec : alors on collerait le tableau en le faisant adhérer successivement depuis un bout jusqu'à l'autre.

L'*enlevage* et le *rentoilage* une fois terminés, il reste, pour compléter la restauration, à nettoyer le tableau et à repeindre les endroits détruits.

Pour la première opération, qui est très délicate, on se sert de divers moyens, qui réussissent entre les mains d'un artiste habile et expérimenté, mais qui, employés par tout autre, sont plus dangereux qu'un rasoir manié pour la première fois par un apprenti barbier, car ici le patient n'avertit pas à l'instant de la blessure qu'il reçoit.

On se tromperait fort, si l'on croyait qu'on puisse employer sans danger les alcalis et les savons, pourvu qu'ils soient suffisamment étendus d'eau. L'eau seule fait du tort aux tableaux lorsqu'ils sont très desséchés. Elle peut dissoudre certaines couleurs; elle pénètre par les fentes, augmente l'aridité de la couleur et contribue à la détacher de son fond : il est donc mieux de commencer par imprégner d'huile le tableau, jusqu'à ce qu'il n'en absorbe plus. Les Flamands se servent pour cela d'huile de pavot : on peut employer également l'huile de noix et même l'huile de lin, puisque cette huile, quoique beaucoup plus jaune que les deux autres, blanchit, comme elles, au contact de la lumière. Au surplus, quelle que soit l'huile dont on imbibe la vieille peinture, elle pénètre dans la couleur desséchée, et en se résinifiant elle recolle les parties prêtes à tomber (1).

Après cette opération, on peut, avec les précautions convenables, nettoyer le tableau avec des dissolutions alcalines. J'ai vu même employer avec succès le savon noir, qui, comme l'on sait, est très corrosif; mais on l'avait mêlé avec une telle quantité d'huile, qu'il ne pouvait plus avoir d'action sur la peinture : on le laissait pendant plusieurs jours sur le tableau sans qu'il produisît d'autre effet que de ramollir la crasse et le vieux vernis. Lavant ensuite le tableau avec une éponge, il se trouvait en grande partie nettoyé. Toutefois, un pareil procédé est dangereux en ce qu'on opère en aveugle.

Si le tableau est recouvert d'un vieux vernis, le savon ou la dissolution alcaline l'enlèvera en partie, parce que les résines, surtout lorsqu'elles

---

(1) On emploierait avec succès l'huile épaissie à l'air, délayée dans de l'essence de térébenthine.

sont devenues rances, sont très facilement saponifiées.

Lorsque la crasse qui se trouve dans les cavités formées par le tissu de la toile ou les inégalités de la surface de la peinture n'est pas enlevée, il ne faut pas s'obstiner à frotter avec la brosse ou l'éponge, on s'exposerait à effleurer les parties saillantes de la couleur avant d'atteindre cette crasse : il faut alors recourir à l'emploi du grattoir, et il est inutile d'avertir que les plus grandes précautions sont indispensables en usant d'un pareil moyen. Dans beaucoup de cas, un cure-dents peut tenir lieu de grattoir; dans d'autres, il faut un tranchant bien acéré.

On a vu, au commencement de cet article, qu'on peut enlever le vernis avec un mélange d'alcool, d'essence de térébenthine et d'huile : on peut employer le même moyen pour nettoyer. Au surplus, l'état dans lequel se trouve le tableau doit déterminer le choix des procédés. Par exemple, s'il a été verni avec du blanc d'œuf, il est évident qu'on ne pourra enlever ce vernis qu'avec de l'eau; si au contraire on a employé un vernis huileux, tel que nos vernis au copal, on ne pourra l'enlever qu'avec beaucoup de peine : il faudra le ramollir en le frottant, pendant plusieurs jours, avec de l'essence de térébenthine et de l'huile, peut-être même avec de l'alcool faible, tenant un peu de potasse en dissolution, et quand ce vernis sera suffisamment ramolli, on l'enlèvera avec un grattoir.

Lorsque le nettoyage du tableau est terminé, il reste à fermer toutes les plaies qui se sont découvertes. S'il y a des trous, on les bouche avec un mastic composé de colle et de blanc de craie semblable à l'apprêt des doreurs, et on égalise bien ce mastic de manière qu'il soit au niveau de la surface du tableau. Si le grain de la toile est apparent, on produit un effet semblable en appliquant sur le mastic encore mou un morceau de toile du même grain, et pressant dessus pour former l'empreinte du tissu.

Les trous étant bouchés, il faut nécessairement repeindre sur le mastic.

La plupart des restaurateurs sont dans l'usage d'appliquer une légère couche de vernis sur le tableau, avant de commencer les repeints. Ils le font, afin de mieux voir la teinte de l'original, avec laquelle ils se proposent de s'accorder : il arrive de là qu'en dévernissant le tableau on doit enlever les repeints. Je crois qu'il est mieux de frotter d'huile la partie que l'on veut repeindre : par ce moyen, on fait reparaître les couleurs du tableau dans tout leur brillant ; on essuie complétement l'huile avec un linge propre ou du coton. La couleur perd alors de son éclat; mais elle en conserve assez pour guider le peintre. Elle paraît plus pâle qu'elle n'était étant vernie : ce n'est pas un désavantage, par la raison que les couleurs à l'huile prennent en séchant un ton plus foncé : c'est pourquoi il faut tenir ses teintes un peu plus claires, afin qu'après leur entière dessiccation elles se trouvent au ton de l'ancienne couleur. D'ailleurs, comme on ne parvient presque jamais à imiter la teinte d'une peinture ancienne autrement que par glacis, il est indispensable que les repeints soient toujours d'un ton plus clair.

De tous les accidens que l'on rencontre dans la restauration des tableaux, celui des gerçures présente le plus de difficultés; il est même sans remède, si elles ont lieu sur un ancien tableau. On ne peut rapprocher les parties écartées; il n'y a d'autre moyen que de boucher les fentes en les remplissant avec de la couleur; mais si le tableau gercé n'est peint que depuis un petit nombre d'années, et que la dessiccation ne soit pas parfaite, on peut faire rapprocher les parties séparées; il suffit pour cela d'enlever complètement le vernis du tableau et de le poser à plat; avec le temps, les parties de la peinture qui se sont retirées se dilatent, et en s'étendant elles se rapprochent au point que les fentes disparaissent entièrement.

De tout ce qui précède, on doit conclure que ce serait trop risquer que d'entreprendre de nettoyer ou de restaurer un tableau, si on n'avait aucune expérience dans cette partie. Il serait mieux, sans doute, qu'un peintre habile ne s'en rapportât qu'à lui seul du soin de nettoyer un tableau, dont mieux que personne il peut apprécier le mérite ; mais, avant de l'entreprendre, il faut qu'il fasse des essais sur des tableaux qu'il peut gâter sans regret, et quelques succès qu'il ait obtenus dans ses expériences, il ne doit pas croire qu'il réussira constamment. Celui qui s'est occupé toute sa vie de la restauration des tableaux ne peut pas encore se flatter d'avoir rencontré toutes les difficultés ; il doit toujours, par précaution, essayer sur quelques parties les moins importantes du tableau le procédé de nettoyage qui convient le mieux.

CHAPITRE VII.

THÉORIE DE LA COLORISATION APPLIQUÉE A L'HARMONIE DES COULEURS.

La plupart des écrivains qui nous ont laissé des préceptes sur l'harmonie des couleurs ont senti que, pour inspirer quelque confiance, leurs préceptes ne devaient pas être établis arbitrairement, mais présentés comme des conséquences des propriétés des couleurs.

Paul Lommazzo, l'un des plus anciens, commence son chapitre *Des couleurs* par un exposé de ses idées sur leurs propriétés physiques et leur génération; mais sa théorie n'est pas faite pour donner le moindre crédit à la doctrine qu'il en a déduite (1).

---

(1) Il y a, dit *Lommazzo*, sept couleurs dont les extrêmes (le blanc et le noir) sont comme les pères et les générateurs de la série : les cinq du milieu (*i cinque mezzani sono il pallido, il rosso, il purpureo, e il verde*).

Il en a énoncé cinq et il en énumère seulement quatre,

Rubens a écrit en latin un traité ayant pour titre *De lumine et colorë*. Le manuscrit original était, il y a quarante ans, dans la bibliothèque d'un chanoine d'Anvers, descendant de ce grand peintre (1). J'ignore ce qu'il est devenu, et pourquoi il est resté inédit jusqu'à ce jour. Les propriétés attribuées par *Rubens* aux couleurs ne sont peut-être pas conformes à la saine physique; mais s'il a donné quelques préceptes d'harmonie, on ne peut douter qu'ils ne soient fondés sur des observations exactes.

Gérard de Lairesse a traité fort en détail de l'harmonie des couleurs : ses principes sont établis d'après une méthode empirique. Il n'est, dit-il, parvenu à découvrir les rapports des couleurs qu'après beaucoup de temps et par de nombreuses comparaisons, diversement combinées, de cartes peintes, chacune d'une couleur particulière.

---

et ne tient aucun compte du bleu ni du jaune, à moins que par le mot *pallido* il ne veuille désigner le jaune. Ce qu'il ajoute sur la génération des couleurs est tout à fait absurde.

(1) Le chanoine *Van-Parys* : c'est à lui-même que je l'ai entendu dire. Il m'avait promis de me le montrer : j'ai à me reprocher de ne l'avoir pas pressé davantage de tenir sa promesse.

Mengs, qui a le plus clairement expliqué le principe de l'harmonie en peinture, s'appuie sur les propriétés physiques des couleurs; mais il suppose que les peintres les connaissent, et il néglige d'en développer la théorie.

Cette théorie des couleurs est maintenant fixée, du moins sous le rapport qui intéresse la peinture, c'est à dire sous celui de la *colorisation*, de la combinaison des couleurs.

Quoique la plupart des physiciens regardent comme démontré que les couleurs produites par la décomposition de la lumière ne sont pas réductibles à trois, et que chaque rayon coloré sortant du prisme présente une couleur simple, indécomposable, ils sont d'accord avec les peintres sur les résultats du mélange de ces rayons: ainsi, en réunissant la portion bleue d'un spectre avec la portion rouge d'un autre spectre, ils forment un violet. Ils peuvent de même former de l'orangé et du vert par des mélanges binaires : à la vérité, ils n'ont pas encore expliqué comment une couleur composée produit sur l'organe de la vue la même sensation qu'une couleur simple. Quoi qu'il en soit, n'envisageant les couleurs que sous le rapport des sensations qu'elles produisent sur l'œil sans avoir égard à leurs autres propriétés physiques, je ne saurais me trouver en opposition avec aucun des savans dans l'exposé de la théorie de la colorisation.

THÉORIE DE LA COLORISATION.

Quoique les peintres aient sur leur palette un grand nombre de matériaux colorans, portant chacun une dénomination distincte, cependant, abstraction faite des matières qu'ils emploient, ils ne reconnaissent que trois couleurs simples (*le jaune, le rouge et le bleu*), lesquelles, par leurs mélanges, peuvent produire l'immense série de teintes que présente la nature.

Combinées deux à deux, ces couleurs génératrices donnent naissance à trois autres couleurs distinctes et brillantes comme elles : ainsi le jaune mêlé avec le rouge produit l'orangé, le rouge avec le bleu donne naissance au violet, et l'on obtient le vert par le mélange du jaune et du bleu.

La différence des proportions dans les mélanges donne des résultats qui se rapprochent plus ou moins de l'une des deux couleurs dont ils sont composés; de sorte qu'en graduant ces proportions, on passe progressivement d'une couleur à l'autre, et que de quelque point que l'on commence on est ramené à ce point de départ.

Pag. 272.

ECHELLE CHROMATIQUE.

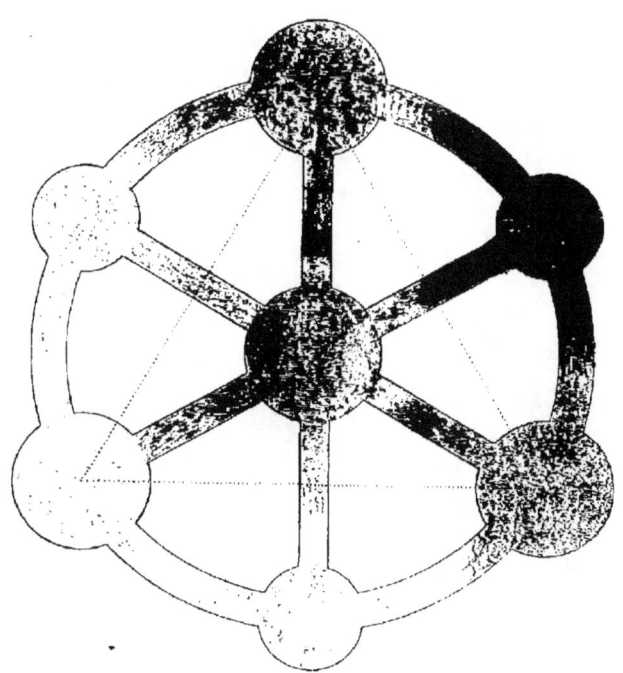

Puisqu'il en est ainsi, l'échelle chromatique doit être considérée comme une circonférence, ou comme une zone circulaire, sur laquelle, à des distances supposées égales, sont placées les trois couleurs génératrices, et dont les intervalles (les arcs) compris entre ces couleurs sont remplis par leur mélange, en proportions tellement graduées, que la circonférence se trouve composée d'une infinité de teintes différentes, se fondant l'une dans l'autre.

On ne peut déterminer d'une manière absolue le nombre de teintes différentes qui peuvent être comprises dans cette zone. Plus l'œil est exercé, plus il doit y établir de divisions ; toutefois, celui qui l'est le moins ne confondra jamais les mélanges en proportions égales avec aucune des deux couleurs dont il se compose : ainsi, il ne prendra pas l'orangé pour le rouge ou le jaune, ni le violet pour le bleu ou le rouge, ni le vert pour le jaune ou le bleu ; mais si une couleur prédomine dans le mélange, il la confondra aisément avec la couleur simple dont elle se rapproche le plus. Par exemple, il pourra désigner sous le nom générique de rouge l'écarlate et le cramoisi, bien qu'il y ait entre ces couleurs le même intervalle qu'entre l'orangé et le rouge, entre le rouge et le violet, entre le jaune et le vert.

L'échelle chromatique a donc six divisions bien distinctes, qui sont exprimées par les six dénominations suivantes : *le jaune, l'orangé, le rouge, le violet, le bleu* et *le vert.*

On peut les sous-diviser tant qu'on voudra, il faudra toujours, pour les dénommer méthodiquement, recourir aux six noms de la division primitive : ainsi, on dira un jaune plus ou moins orangé, plus ou moins vert; un rouge violet ou orangé; un bleu tirant sur le violet ou sur le vert.

Newton est, je crois, le premier qui ait fait observer la disposition circulaire de l'échelle chromatique. Certains rapports qui existent entre les sons et les couleurs lui firent présumer que la similitude s'étendait beaucoup plus loin et, par analogie, il divisa l'échelle des couleurs en sept intervalles espacés comme ceux de la gamme; mais ne trouvant dans la langue que six termes distincts dont il pût disposer, il fut obligé, pour désigner la couleur intermédiaire entre le bleu et le violet, d'employer le mot indigo, synonyme de bleu violet.

La disposition des couleurs sur le cercle chromatique donne lieu à une observation importante pour la peinture, c'est qu'en mêlant ensemble les couleurs diamétralement opposées il y a décoloration complète.

En effet, tant que la combinaison des trois couleurs génératrices n'a lieu qu'entre deux d'entre elles, le produit est brillant comme les couleurs dont il est composé; mais du moment qu'on y fait entrer la troisième couleur, le mélange est aussitôt terni; et si la proportion est telle qu'aucune des couleurs ne prédomine, la teinte produite est un gris absolument incolore et plus ou moins foncé, selon l'intensité, des couleurs opposées.

Or, dans le cercle chromatique, la disposition est telle, que les couleurs diamétralement opposées présentent toujours la réunion des trois couleurs génératrices. Si l'une est simple, l'autre est un composé binaire : elles sont toujours réciproquement complémentaires.

Ainsi, à l'opposé du jaune, on trouve le violet, mélange de rouge et de bleu; à l'opposé du rouge, on trouve le vert, mélange de bleu et de jaune; enfin l'orangé, composé de rouge et de jaune, est à l'opposite du bleu. Si l'on mélange tour à tour ces couleurs opposées, on a pour résultat la même teinte de gris, et c'est un moyen de vérifier la composition de l'échelle chromatique.

La nature nous offre ces oppositions dans plusieurs phénomènes de la décomposition de la lumière. Par exemple, dans celui des anneaux colorés, les physiciens ont observé que les teintes réfléchies et celles transmises sont complémentaires l'une de l'autre; et la décoloration a lieu dès qu'on les réunit (1).

Dans les effets de coloration si variés que présente la lumière polarisée, l'image ordinaire et l'image extraordinaire sont toujours rigoureusement complémentaires (2).

---

(1) Si l'on applique un verre légèrement convexe contre un verre plan et qu'on les presse, la pression fait paraître dans la couche d'air interposée différens cercles colorés, qui ont pour centre commun le point de contact. A mesure que la pression est plus forte, le nombre des anneaux augmente, mais les couleurs s'affaiblissent de plus en plus, et finissent par n'être plus sensibles.

En regardant ces anneaux au travers des verres, ils paraissent encore colorés; mais les couleurs sont différentes et sont complémentaires de l'anneau précédent. Ainsi, celles du premier anneau, vues par réflexion, étant dans l'ordre suivant, *bleu, blanc, jaune* et *rouge orangé*, le même anneau, vu par transmission, offrira les couleurs suivantes: *rouge orangé, noir, violet* et *bleu*.

(2) Lorsqu'on regarde un point lumineux à travers un cristal doué de la double réfraction, l'une des deux images

Chaque couleur est non seulement susceptible
d'une dégradation de teinte, en se combinant

---

que l'on voit est mobile, et lorsqu'on fait tourner le cristal
dans le même plan, elle en suit le mouvement et tourne
autour de l'autre image. On désigne par l'épithète d'*extraordinaire* cette image mobile, par opposition à celle qui est
fixe, et suit la loi ordinaire de la réfraction.

Quant à la *polarisation* de la lumière, c'est une propriété particulière qui lui est imprimée, sous certaines
conditions, soit par la réflexion, soit par la réfraction.
Pour en donner une idée, il suffit de remarquer qu'un
rayon lumineux qui a été réfléchi sur une glace, en faisant
avec elle un angle de 35° 25', ne se comporte pas comme un
rayon de lumière directe ; car il ne se réfléchit pas du tout
lorsqu'il tombe sur une glace convenablement placée, et il
ne se divise plus en traversant, dans une certaine position,
un cristal doué de la double réfraction. Ce rayon est *polarisé*, et les propriétés précédentes peuvent servir à le
distinguer d'un rayon de lumière naturel.

Ces propriétés distinctives ne sont pas les seules que
présentent les rayons polarisés ; car ils peuvent encore
donner naissance à des couleurs très vives et à des nuances
très nombreuses que ne donnent jamais les rayons naturels.
Ces couleurs se développent particulièrement lorsqu'un
rayon polarisé traverse des lames minces de certains cristaux, comme le mica, la chaux sulfatée, le cristal de
roche, etc.

Pour en faire l'expérience, il suffit d'interposer une

avec une autre couleur; elle peut encore être ou plus claire, ou plus grave. Cette modification de clarté ou d'intensité s'appelle dégradation de *ton*, ou dégradation de *clair obscur*. Ainsi, à mesure que les couleurs deviennent plus claires, elles se rapprochent du blanc, et à mesure que leur intensité augmente, elles se rapprochent du noir. On pourrait donc, dans la disposition de l'échelle chromatique, placer le blanc au centre de la zone circulaire et le noir en dehors, et dégrader les couleurs depuis le ton le plus clair jusqu'au plus intense (1).

Le noir et le blanc sont bien pour les peintres

---

lame mince de l'une ou l'autre de ces substances sur le trajet d'un rayon polarisé, et de l'observer ensuite avec un prisme achromatisé de spath d'Islande. Les deux images sont alors colorées, et ce sont ces nuances qui sont toujours complémentaires; car en les superposant, la décoloration complète a lieu dans les parties superposées, et l'on ne distingue plus que du blanc pur, tandis que les parties voisines ont conservé leurs teintes.

(1) Il faut cependant observer que toutes les couleurs ne peuvent pas être dégradées jusqu'au noir. Le jaune, par exemple, est de sa nature essentiellement clair, ainsi que l'orangé, le rouge orangé, etc. Il n'y a qu'une portion de l'échelle chromatique qui soit susceptible d'être dégradée jusqu'au noir.

des matériaux essentiels de colorisation, puisqu'ils lui servent à dégrader toutes les couleurs et à exprimer les effets de la lumière et de l'ombre; mais, dans le sens abstrait, ce ne sont pas de vraies couleurs : la preuve en est que, si dans le blanc le plus éclatant, l'œil discerne la plus légère nuance de couleur, ce n'est plus un blanc pur. Observons en outre que le plus beau blanc que nous ayons à notre disposition paraît gris, si on l'oppose à la lumière réfléchie d'un corps brillant coloré, telle que celle de l'or, qui est jaune, ou celle des paillons colorés. Or, si nous avions du rouge, du jaune et du bleu aussi lumineux que les reflets produits par les corps brillans colorés, nous en composerions un blanc qui surpasserait en clarté les plus beaux blancs de notre palette.

Quant au noir, il n'est pas d'élève commençant à peindre qui ne sache qu'on peut en composer, de toutes pièces, avec du bleu de Prusse, de la laque et du stil de grain jaune.

Or, puisque l'on obtient du noir pur avec les trois couleurs génératrices en les choisissant très intenses, et qu'en mélangeant ces mêmes couleurs prises dans le ton le plus clair, la teinte qui en résulte approche du blanc, on est donc fondé à regarder le blanc et le noir comme n'étant pas de véritables couleurs, bien qu'ils soient des matériaux colorans essentiels; et l'on peut dire que ce ne sont réellement que des gris, l'un extrêmement clair, l'autre extrêmement foncé.

Telle que je viens de la décrire, l'échelle chromatique ne comprend que la série des couleurs brillantes : la série des couleurs ternes, improprement appelées couleurs rompues, est infiniment plus étendue, et toutefois elle est soumise aux mêmes lois; mais on doit concevoir que les rapports s'affaiblissent d'autant plus que l'altération des couleurs est plus forte. Pour s'en faire une idée exacte, on peut placer une échelle chromatique à l'entrée d'un endroit obscur, et si on l'enfonce progressivement dans l'ombre, on verra les rapports entre les couleurs devenir moins sensibles, à mesure qu'elles se confondent avec l'obscurité.

J'ai dit que les composés binaires des couleurs génératrices sont aussi brillans que les élémens dont ils sont formés : cela n'est vrai toutefois qu'en théorie, en supposant des couleurs parfaitement pures, dont les molécules se pénètrent comme celles de la lumière. Avec nos couleurs matérielles, nous n'atteignons pas, par un mélange binaire, à l'éclat de quelques composés qui se trouvent tout faits par la nature : l'orangé, par exemple, formé par un mélange de jaune et de rouge, est plus terne que le minium, qui est un orangé naturel ; toutefois ce mélange, quoique n'ayant pas l'éclat du minium, est une couleur orangée. Il y a de même des verts naturels, qui sont beaucoup plus brillans que ceux que l'on compose par un mélange de jaune et de bleu. Mais, au lieu d'opérer avec nos couleurs matérielles dont les molécules ne peuvent se pénétrer, si nous mélangions deux rayons lumineux colorés, en les faisant tomber sur le même point, nous produirions une couleur aussi brillante que les deux élémens dont elle serait composée.

Maintenant que j'ai fait connaître la théorie de la coloration fondée sur les propriétés physiques des couleurs, je vais essayer d'en déduire les principes de l'harmonie applicables à la peinture, et de les rattacher ainsi à leur base naturelle.

L'harmonie, d'après son étymologie, rappelle les idées de *liaison*, d'*union*, d'*accord* ; ce mot peut donc s'appliquer à toutes les parties de l'art ; mais ici je ne dois considérer l'harmonie que sous le rapport de la couleur et du clair-obscur.

Dans un tableau, l'harmonie de la couleur est toujours accompagnée de celle du clair-obscur ; celle-ci, cependant, peut exister seule, comme cela a lieu dans un dessin, dans une gravure, qui sont des tableaux sans couleur, ou, si l'on veut, d'une seule couleur : on doit donc considérer séparément les deux harmonies.

L'harmonie musicale est fondée sur l'observation rigoureuse de certains intervalles établis par la nature entre les sons d'une manière tellement immuable, que pour peu qu'on s'en écarte une oreille délicate en est blessée.

Dans la peinture, bien que la combinaison des couleurs soit soumise à des lois positives, l'harmonie ne résulte pas d'intervalles fixes entre les teintes, et une nuance de plus ou de moins entre elles ne rendra pas un tableau discordant. S'il n'en était pas ainsi, un tableau serait comme certains instrumens de musique, discord en peu de temps, car l'altération qu'éprouvent les couleurs n'est pas la même pour toutes.

Un tableau est harmonieux lorsqu'il présente aux yeux une disposition de clair-obscur ou de couleur qui leur est agréable, il est discordant si, dans quelques parties, il blesse l'œil par des oppositions mal préparées.

Mais puisqu'en définitive nous jugeons de l'harmonie d'après nos sensations, il ne faut pas négliger d'observer qu'elles dépendent non seulement de notre organisation, mais encore de la situation de nos organes, au moment où ils reçoivent la sensation. Ainsi, la lumière nous blesse lorsqu'elle nous frappe au sortir d'une profonde obscurité ; elle nous est agréable et nous la supporterons même très vive, si nous y sommes amenés par degrés. De même, une opposition de couleurs brillantes nous fatigue l'œil, si nous ne trouvons pas à côté de quoi reposer notre vue, et les couleurs les plus éclatantes peuvent nous causer une sensation agréable, si nous y arrivons par une gradation bien ménagée. Nos yeux s'arrêtent avec plaisir sur les nuages d'or et de pourpre qui accompagnent le lever ou le coucher du soleil, et cependant il n'y a nulle comparaison à faire entre ces couleurs lumineuses et les couleurs ternes de notre palette.

S'il suffit, pour que les couleurs ne blessent pas la vue, que les intervalles entre les teintes et les tons soient rapprochés, cela ne suffit pas pour produire de l'harmonie, et le but de l'art, qui est de plaire, ne serait pas atteint si l'on se contentait de ménager la délicatesse de la vue, en n'offrant aux yeux qu'une dégradation monotone de clair-obscur et de couleur.

L'harmonie en peinture résulte donc *d'une disposition de tons et de couleurs qui attire l'œil, et le fixe par une succession bien ménagée de repos et d'oppositions.*

Loin que ces oppositions nuisent à l'harmonie, ce sont elles qui l'animent; mais plus elles sont tranchées, plus l'œil a besoin de trouver à côté d'elles de larges espaces où il puisse se reposer de l'impression vive qu'il vient d'éprouver.

Suivant que les couleurs sont plus ou moins éclatantes, suivant que les intervalles qui existent entre elles sont plus ou moins rapprochés; enfin selon la conduite du clair-obscur, l'harmonie prend un caractère différent, et l'on distingue des harmonies douces, fortes, sombres, brillantes, etc. Ce n'est pas une des moindres difficultés de l'art, que d'approprier l'harmonie d'un tableau au sujet qu'il représente; les plus grands peintres n'y sont pas toujours parvenus : il est si naturel d'adopter des préférences pour certaines couleurs, pour certain genre d'oppositions, que sans qu'on s'en aperçoive on les reproduit dans ses tableaux, quel qu'en soit le sujet. *Rubens*, par exemple, a placé les mêmes draperies brillantes dans les tableaux de l'*Adoration des Mages* et dans ceux du *Christ en croix*, n'eût-il pas produit un plus grand effet si, dans les scènes lugubres, il eût employé des teintes plus sombres, telles qu'on les voit dans les tableaux des Écoles d'Italie?

La nature nous offre des exemples de toutes les espèces d'harmonie, elle nous présente aussi quelquefois des discordances; mais, le plus souvent, elles sont l'ouvrage des hommes : ainsi, dans le choix des couleurs des vêtemens, on adopte souvent les couleurs les plus tranchées; on le fait surtout pour les corps militaires, afin qu'on puisse les apercevoir de loin : or, une rangée d'hommes bariolés de couleurs vives fortement opposées, réfléchissant une lumière uniforme, n'offre rien d'harmonieux; si elle le devient par une disposition particulière de lumière et d'ombre, l'harmonie, dans ce cas, n'appartient ni au choix ni à l'arrangement des couleurs; elle est entièrement due au clair-obscur, qui a le pouvoir vraiment magique de rendre harmonieuse la réunion de couleurs les plus discordantes.

Nos yeux sont affectés diversement par chacune des couleurs.

Le jaune, qui est la plus claire, nous rappelle quelques effets du soleil : il est lumineux.

Le rouge produit sur l'organe de la vue l'impression la plus vive; et, de tous les mélanges où il domine, c'est le vermillon (l'écarlate) qui est la couleur la plus éclatante, parce qu'elle réunit à la vivacité du rouge un peu de la clarté du jaune.

Le bleu, la plus intense des couleurs de l'échelle chromatique, n'a ni clarté ni vivacité : c'est la plus froide des couleurs brillantes.

Le vert, qui tient le milieu entre la clarté et l'intensité, loin de blesser la vue, la récrée ; il est d'autant plus agréable qu'il a plus de clarté, qu'il se rapproche davantage du jaune.

Ainsi, en considérant l'échelle chromatique, on voit qu'une portion est composée de couleurs lumineuses et vives, et que l'autre comprend des couleurs graves et froides.

Mais le caractère des couleurs change selon qu'elles sont d'un ton ou plus clair ou plus grave : le violet et le bleu clair deviennent des couleurs gaies, elles ont un tout autre caractère si le ton en est très foncé. Le mélange du noir apporte encore un autre changement, il rend les couleurs tristes.

Dans la dégradation de ton des couleurs, c'est toujours dans le ton moyen qu'elles ont le plus d'éclat : aussi n'est-ce pas à force de blanc qu'on rend les couleurs plus brillantes ; il produit sur les couleurs claires le même effet que le noir sur les couleurs foncées.

Dans quelques tableaux, même des grands maîtres, on voit souvent des draperies dont les parties claires sont ternes, en comparaison des demi-teintes qui les accompagnent. Pour rendre l'harmonie de la nature, il eût fallu atténuer l'éclat des demi-teintes et des ombres, puisqu'on ne pouvait pas obtenir des teintes claires plus brillantes; et c'est ce qu'ont fait les coloristes.

Quelques auteurs, en développant les principes de l'harmonie des couleurs, en ont désigné quelques oppositions, sous le nom de couleurs ennemies : s'ils avaient seulement entendu par là que ces couleurs se détruisent dans leur mélange et ne donnent pour résultat qu'une teinte grise, ils n'auraient fait qu'émettre une observation qui n'a pu échapper au premier qui a fait des mélanges de couleurs; mais ils ont prétendu que de pareilles couleurs ne peuvent se trouver à côté l'une de l'autre sans produire une discordance; c'est en quoi ils se sont gravement trompés. Les couleurs qui se détruisent dans leur mélange et ne produisent qu'une teinte grise présentent toujours la réunion des trois couleurs, et forment, il est vrai, la plus forte opposition qui puisse exister entre elles; mais ces oppositions ne détruisent l'harmonie que quand elles ne sont pas préparées; lorsqu'elles sont convenablement placées, elles attirent et attachent le spectateur.

Au nombre des couleurs ennemies, on a cité particulièrement le bleu et l'orangé : ces deux couleurs forment en effet la plus forte opposition du cercle chromatique, parce qu'elle a lieu entre la couleur simple la plus intense et la couleur binaire, composée de la plus claire et de la plus éclatante.

Paul Lommazzo, et *Lairesse*, après lui, regardent le violet et le jaune comme s'accordant bien ensemble, et ils proscrivent la rencontre du vert et du rouge comme formant une opposition discordante.

Sans doute l'opposition du jaune et du violet est la moins forte des oppositions extrêmes, parce qu'elle a lieu entre les couleurs les moins brillantes; mais, ainsi que nous l'avons observé, ces deux couleurs sont diamétralement opposées sur l'échelle chromatique; et leur mélange, présentant la réunion des trois couleurs, produirait du gris : l'opposition entre ces deux couleurs est donc aussi forte qu'elle puisse exister.

Quant à l'opposition du rouge et du vert, elle est réellement plus forte, parce que le rouge est la couleur la plus éclatante, mais c'est l'opposition à laquelle nous sommes le plus habitués, puisque la nature nous la présente le plus fréquemment dans les fleurs, dans les fruits, dans le plumage des oiseaux, dans les couleurs de la nacre, etc.

J'ai cru devoir relever ces erreurs d'auteurs très célèbres, pour faire voir que, bien que nos yeux soient, en définitive, juges de l'harmonie en peinture, comme nos oreilles le sont de l'harmonie musicale, nous devons nous défier de nos organes souvent faussés par des habitudes vicieuses ; et lorsqu'il s'agit de poser des principes, n'admettre le témoignage de nos sens qu'autant qu'il se trouve conforme aux lois physiques, établies sur des expériences qui ne peuvent induire en erreur.

Je conviens que ce n'est pas à l'aide d'une théorie exacte de la colorisation, que les chefs des Écoles vénitienne et flamande ont trouvé les oppositions les plus propres à faire valoir les couleurs les unes par les autres ; mais tous n'ont pas également connu les ressources de leur palette ; et quand il serait possible de parvenir de soi-même à trouver les rapports des couleurs entre elles, il n'en est pas moins vrai qu'on épargnerait beaucoup d'essais infructueux à l'élève qui commence à peindre, en lui faisant composer une échelle chromatique ; ce qui ne lui coûterait que quelques instans d'application, et lui donnerait sur l'harmonie des couleurs des notions bien plus exactes que celles qu'il pourrait acquérir par de longs tâtonnemens (1).

D'ailleurs, il est nécessaire d'observer que les objets qui frappent la vue ont sur cet organe une influence telle, qu'ils peuvent le vicier en peu de temps. On pourrait diriger un élève de manière que, peignant d'après le même modèle, il ferait une suite d'études dans chacune desquelles il exagérerait involontairement une couleur, de sorte que réunissant toutes ces études, faites dans un assez court espace de temps, on verrait qu'il a successivement exagéré toutes les couleurs du cercle chromatique.

Il suffirait pour cela qu'on lui fît peindre, pendant cinq ou six jours de suite, une draperie d'une couleur brillante, et qu'immédiatement après

---

(1) La composition d'une échelle chromatique, faite avec un peu de soin, ferait connaître à l'élève non seulement les rapports naturels des couleurs entre elles, mais encore la solidité de chacune d'elles. Elle lui indiquerait en même temps les lacunes qui restent à remplir pour compléter l'échelle de manière que toutes les couleurs dont elle peut être composée soient brillantes au même degré.

on le fit peindre d'après le modèle pendant un jour seulement. Il est certain qu'il exagérera toutes les teintes du modèle qui se rapprocheront de la couleur de l'étoffe qu'il vient de peindre, parce qu'il sera blasé sur cette couleur.

Or, si en blasant l'organe de la vue sur une couleur, on peut le rendre moins sensible à la perception de cette couleur, on peut, avec le temps, corriger le défaut de celui qui exagère naturellement une teinte quelconque : il ne faut pour cela qu'exercer son œil sur la teinte opposée.

J'ai cru devoir faire cette observation pour combattre un préjugé assez généralement répandu, que l'on peut, à force de travail, devenir dessinateur, mais que la science du coloris est un don de nature, qui ne s'acquiert pas par l'étude.

Un peu de réflexion suffit cependant pour faire voir combien cette opinion est mal fondée. Si l'on fait attention à ce que les peintres les moins coloristes ne se trompent guère (si ce n'est dans leurs propres ouvrages) relativement au coloris, et si l'on veut considérer que, dans les écoles des coloristes, c'est toujours par la qualité spéciale de ces écoles que se sont distingués les élèves les plus habiles, on sera forcé de conclure que si l'étude peut former un dessinateur, elle peut également former un coloriste. Qu'on se rappelle cette lettre que le *Poussin* écrivait de Venise, et où se trouve cette phrase : Il est temps que je m'en aille, je sens que je deviendrais coloriste.

Voyons maintenant quel profit on peut tirer, dans la pratique, des notions que je viens de donner sur les propriétés physiques des couleurs.

Je choisirai pour exemple une des couleurs brillantes qu'il est plus difficile de rendre harmonieuse, le bleu clair : je suppose qu'on veuille la faire paraître dans son plus grand éclat.

Si l'on consulte l'échelle chromatique, on verra que l'orangé est sa couleur opposée; mais l'orangé est brillant, et les deux couleurs, se trouvant au même ton, attireront également l'attention : or, je suppose qu'on veuille la porter exclusivement sur le bleu. Dans ce cas, il faudra employer l'orangé, dans le ton le plus grave : il sera altéré, puisqu'il est dans sa nature d'être clair; mais il n'en sera pas moins composé de jaune et de rouge, formant la couleur opposée au bleu; et l'opposition sera encore augmentée, parce qu'elle aura lieu non seulement dans la couleur, mais encore dans le ton.

Le peintre n'est pas toujours le maître de choisir à son gré la couleur des divers objets qui entrent dans la composition de son tableau; et lors même que ce choix dépend de lui, il est telle disposition d'effet qu'il peut avoir adoptée, de laquelle il résultera une réunion d'objets, dont la couleur ne sera pas modifiée par l'ombre et la lumière.

Il est évident que s'il adoptait des couleurs tranchantes, elles paraîtraient de loin découpées comme celles de nos cartes. Il convient donc, dans le cas où les couleurs ne peuvent être modifiées par l'ombre, de ne pas les choisir opposées, ni de teinte ni de ton.

Dans la supposition la plus défavorable, dans celle où les couleurs sont déterminées, et où elles contrastent d'une façon discordante, il n'y a alors d'harmonie possible qu'en restreignant l'opposition au moindre espace par une privation de lumière, bien entendu qu'elle soit habilement motivée.

De là on peut tirer cette conséquence que, puisqu'au moyen de la distribution de l'ombre et de la lumière, on parvient à sauver toutes les discordances de couleur, le clair-obscur est la partie de l'art que doit étudier principalement celui qui aspire à devenir coloriste.

Que d'avantages en effet n'a-t-on pas lorsque, dans une composition de tableau, on est parvenu à distribuer la lumière et l'ombre avec un art tel que les discordances de couleurs pourraient être sauvées, et qu'il ne reste plus qu'à joindre un heureux choix de couleur à la disposition harmonieuse du clair-obscur?

Le clair-obscur existe indépendamment de la couleur; mais comme il l'accompagne toujours, puisque les objets colorés sont toujours soumis à une dégradation de lumière, ses effets se lient tellement à ceux de la couleur, qu'ils suffisent pour en rappeler l'idée jusqu'à un certain point: aussi a-t-on quelquefois sujet de dire, en voyant un dessin ou une gravure : Cela sent la couleur. Il est donc un art de composer de manière à faire valoir les objets par des oppositions bien ménagées ; et cet art distingue les coloristes encore plus que la vérité de leurs teintes. Voilà pourquoi *Raphaël* n'est pas cité pour son coloris, bien que l'on trouve dans plusieurs de ses tableaux des teintes aussi vraies que l'art puisse les produire.

Les tableaux du *Caravage* et ceux du *Guerchin* offrent souvent de belles teintes dans les parties claires; mais la couleur des carnations est dénaturée par de trop fortes ombres. Sans doute cette extrême vigueur contribue au grand effet qu'ils produisent; mais cette vigueur eût été plus convenablement placée sur des objets qui peuvent la supporter sans en recevoir d'altération.

A cette manière d'entendre le clair-obscur, j'opposerai le système suivi par les coloristes. Voyons avec quel discernement ils ont placé leurs fortes ombres : ils n'ignoraient pas assurément qu'on ne peut obtenir d'éclat sans beaucoup de vigueur; mais ils ont eu l'art de dispenser le clair-obscur de manière que la vigueur ne fût jamais portée sur des parties intéressantes dont elle aurait dénaturé la couleur.

En effet, supposons qu'on ait à peindre une figure de femme dans l'ombre, se détachant sur un fond clair : il est évident que, fût-elle éblouissante de couleur, l'éclat de sa carnation disparaîtra au point qu'elle ne différera pas d'une négresse; mais que l'on change l'opposition, que l'on substitue un fond obscur au fond clair; que, de plus, la figure soit très reflétée : alors, quoique, dans l'ombre, la carnation ne paraîtra nullement altérée.

Le Titien a fait un très grand nombre de tableaux, dans lesquels il semble s'être proposé principalement de rendre une des qualités de la beauté des femmes, l'éclat de la carnation : on peut remarquer que, pour atteindre son but, il emploie, comme opposition, les deux extrêmes, l'ombre et la lumière. En effet, il ne suffit pas que la peau soit d'une grande blancheur, il faut encore qu'elle soit animée par le sang : aussi, dans leur langage, les poëtes ne manquent jamais de mêler l'incarnat des roses avec la blancheur des lis. L'opposition d'un fond vigoureux est donc nécessaire pour faire ressortir la blancheur de la peau, et l'opposition de draperies blanches convenablement placées la fait paraître plus vermeille.

Paul Véronèse, dans la plupart de ses tableaux, n'a pas eu l'intention de faire briller les carnations. Il semble n'avoir eu en vue que de rendre l'effet qui s'était le plus souvent présenté à sa vue, celui où les objets se détachent en vigueur sur le fond par leur ton local ; et c'est en effet un des plus puissans moyens d'isoler les objets du fond du tableau.

Au premier aspect, on ne s'aperçoit pas qu'il ait employé aucun artifice dans l'arrangement de ses couleurs, et l'on est tenté de croire qu'il les a placées comme elles se sont présentées à son imagination ; mais, avec plus d'attention, on voit qu'il n'a rien donné au hasard : ainsi, dans un de ses plus beaux ouvrages (*les Noces de Cana*), la plupart des personnages, et surtout ceux placés sur le côté fuyant de la table, se détachent l'un sur l'autre, alternativement en vigueur sur une draperie claire, laquelle s'enlève sur une plus foncée.

Rubens, né sous un ciel moins ardent, dans un pays où des carnations brillantes s'offrent souvent à la vue, ne devait pas adopter le système d'effet de *Paul Véronèse*. Il voulut mettre en harmonie les couleurs les plus brillantes, et il en vint à bout. Frappé sans doute de l'altération que beaucoup de tableaux du *Titien* avaient déjà subie, il crut devoir exagérer l'éclat des teintes des carnations, dans l'espoir que le temps les amènerait à la teinte vraie de la nature.

Personne, mieux que lui, n'a compris le précepte d'unité attribué au *Titien*, de considérer l'ensemble d'un tableau comme une grappe de raisin. Ses plus fortes ombres, ses plus grandes lumières ne sont jamais disséminées; mais elles sont constamment réunies dans les endroits les plus propres à donner à ses groupes un grand relief et beaucoup de saillie aux différentes parties de détail.

Dans ses tableaux, les différentes parties qui les composent, ainsi que la disposition du clair-obscur, sont plus systématiquement arrangées que dans ceux de *Paul Véronèse*, on en devine mieux l'artifice; mais, tout en le devinant, on ne l'admire pas moins, en reconnaissant que, par ce moyen, l'artiste est arrivé plus sûrement au but qu'il se proposait d'atteindre.

CHAPITRE VIII.

DE LA FRESQUE.

La fresque est une détrempe exécutée sur un enduit frais. Ce nom est dérivé du mot italien *fresco* (1).

On sait que la chaux mêlée avec du sable, dans des proportions convenables, forme un ciment qui durcit à l'air et acquiert la solidité de la pierre. Si l'on applique une couche mince de couleur sur l'enduit frais d'un pareil mélange, la couleur s'unit, comme le sable, à la chaux, et cette réunion dure autant que le ciment.

On a un peu exagéré la solidité de ce genre de peinture; on cite, en preuve, des fresques peintes il y a plusieurs siècles, et l'on ne parle pas de quelques unes beaucoup plus modernes qui n'ont pas également résisté. D'ailleurs il n'est pas cer-

---

(1) On dit en italien *dipingere in fresco* et *dipingere in secco*, peindre sur frais (enduit) et peindre sur sec.

tain que les fresques découvertes dans les ruines de l'ancienne Rome aient été faites par les mêmes procédés employés depuis l'époque de la renaissance des arts en Italie. Les peintures égyptiennes, bien plus anciennes que celles trouvées en Italie, se sont également conservées, et ne sont que des détrempes faites avec une colle animale; mais la conservation de ces peintures est due au climat sec de l'Égypte, et n'est pas plus surprenante que celle des miniatures du XIIe. siècle, lesquelles, conservées soigneusement dans des bibliothèques à l'abri des influences atmosphériques, égaleront en durée les plus anciennes peintures.

Toutefois la fresque a des avantages qui la rendent particulièrement propre à la décoration des édifices.

Elle n'est pas luisante comme la peinture à l'huile, qu'on ne peut voir que de quelques points vers lesquels il n'arrive aucune lumière réfléchie de sa surface. A quelque place que soit le spectateur devant une fresque, l'effet est pour lui le même, parce qu'il n'y a point de mirage.

Les couleurs de la fresque (si l'on en excepte le bleu) ne sont nullement brillantes; mais elles se conservent telles qu'elles sont au moment de leur complète dessiccation. Toutefois, dans un climat tel que le nôtre, où les édifices sont en peu d'années noircis par la fumée, la fresque ne pourrait être employée à l'extérieur. Elle peut l'être avec avantage dans les intérieurs, elle s'y maintient même sans altération sensible, tandis que le marbre blanc y jaunit. On a un exemple de la conservation de la fresque dans les peintures de *Romanelli*, qui décorent quelques unes des salles basses du Musée. Les teintes d'outremer ont encore un éclat surprenant, qui même nuit à l'harmonie des tableaux.

Quoique la palette de la fresque n'ait ni l'étendue ni l'éclat de celle de la peinture à l'huile, on voit cependant en Italie quelques fresques remarquables par leur coloris. Cet effet peut être un résultat des oppositions, qui sont le moyen le plus puissant des coloristes; il tient encore, ainsi que j'espère le démontrer, au procédé suivi dans l'application de la couleur.

Entrons maintenant dans quelques détails sur l'exécution de la fresque.

Comme la durée de cette peinture est subordonnée à celle de l'enduit qu'elle recouvre, la préparation de cet enduit est trop importante pour que le peintre n'y porte pas toute son attention : heureusement, la composition de mortiers durables comme ceux des anciens n'est plus un problème difficile à résoudre depuis qu'on a pour guides d'excellens ouvrages publiés sur cette matière (1).

Si le mur sur lequel on doit peindre à fresque était formé de pierres lisses et d'un grain fin, comme celui du marbre, ce qui serait la circonstance la plus défavorable, il faudrait commencer par le faire entailler de manière que le premier enduit, *le crépi*, qu'on appliquerait dessus ne pût jamais s'en détacher.

Le mortier dont se compose le crépi doit être fait avec d'excellente chaux hydraulique et de la pouzzolane, ou du sable granitique assez gros pour produire une surface grenue, qui retienne fortement le second enduit. Pour celui-ci, dont la surface doit être lisse, il faut que le sable soit passé au tamis.

Dans le voisinage des manufactures de faïence ou de porcelaine, on pourrait se procurer aisément des débris de gazettes et de biscuit. Ces matériaux réduits en poudre formeraient avec la chaux un excellent mortier très blanc, sur lequel les couleurs paraîtraient plus brillantes, parce qu'elles auraient plus de transparence.

---

(1) *Delafaye, Fleuret, Vicat, Raucourt* de Charleville.

On prescrit d'employer, dans la préparation de ce mortier, de la chaux éteinte depuis un an ou au moins depuis six mois, afin d'éviter les gerçures, qui auraient lieu infailliblement, si la chaux conservait trop de force (1). Je suis porté à croire que, même avec de la chaux éteinte récemment, on peut éviter les gerçures, soit en ajoutant, dans une proportion convenable, du carbonate de chaux, soit en conservant le mortier pendant quelques jours à l'abri du contact de l'air, et le soumettant, au moment de l'employer, à un nouveau battage sans eau. La cause principale des gerçures du mortier tient à l'excès d'eau qu'on y met. M. *Vicat* recommande d'éteindre la chaux avec le moins possible d'eau, et de n'en préparer que ce qu'on peut employer le lendemain. Il faut, suivant ce savant ingénieur, se procurer de la chaux hydraulique vive et de première qualité, la jeter peu à peu dans un bassin imperméable, y amener l'eau au fur et à mesure, et de telle

---

(1) Il n'y a pas de différence entre la chaux éteinte depuis un mois et celle éteinte depuis dix ans. L'acide carbonique contenu dans l'air atmosphérique ne se combine qu'à l'extérieur de la masse de chaux, et ne pénètre pas. Aussi a-t-on trouvé de la chaux enterrée depuis un nombre d'années considérable et que l'on pouvait employer.

façon qu'elle ait la liberté de circuler dans les vides que les pierres de chaux laissent entre elles, afin que celles-ci puissent en prendre la quantité exactement nécessaire pour passer de l'état solide à celui de pâte forte et non de bouillie molle. Il faut donc empêcher que la matière ne soit labourée et détrempée avec le rabot ou le râteau, comme on le pratique mal à propos à l'égard de la chaux commune.

Après vingt-quatre heures d'extinction, la chaux doit offrir une pâte assez dure pour qu'on ne puisse l'extraire sans le secours d'une pioche. On la rend souple, sans eau, par un battage vigoureux, exécuté d'à-plomb avec des masses de fonte ou de fer assujetties à des manches de bois. Pour cent parties en volume de cette pâte, on prend de cent cinquante à cent quatre-vingts parties de sable; on opère le mélange des matières toujours à l'aide du pilon et vigoureusement. Si, malgré tous les efforts, il devient impossible de lier le mélange (et des manœuvres vigoureux en viennent toujours à bout quand ils le veulent), on y ajoute de l'eau, mais graduellement et avec réserve; car on ne saurait croire, sans l'avoir vu, qu'un litre d'eau de trop peut noyer un mètre cube de mortier.

Le mortier employé dans les fresques du

XIVe. siècle était probablement, comme celui de *Cennino Cennini*, composé de deux parties de gros sable (*sabbione*) et d'une partie de chaux en poudre (éteinte à l'air), l'un et l'autre passés au tamis. On en préparait la quantité que l'on pouvait employer en deux ou trois semaines, et on le laissait reposer quelques jours avant de s'en servir, afin que la chaux fût complétement éteinte, précaution nécessaire pour prévenir les gerçures.

Cennino ajoute (1): « lorsque tu voudras appliquer le premier enduit, nettoie d'abord avec soin le mur et mouille-le bien (il ne saurait être trop mouillé); alors prends le mortier après l'avoir

---

(1) Quando vuoi lavorare in muro.... prima abbi calcina e sabbione, stamigiata, o stacciata, ben l'una e l'altra. E se la calcina è ben grassa e fresca, richiede le due parti sabbione, la terza parte calcina. E intridi bene insieme con acqua, e tanto ne intridi, che ti duri 15 dì o 20. E lasciala riposare qualche dì, tanto che n'esca il fuoco; chè quando è così focosa, scoppia poi lo 'ntonaco che fai. Quando se' per ismaltare, spazza bene prima il muro, e bagna lo bene, che non può esser troppo bagnato; e togli la calcina tua ben rimenata a cazzuola a cazzuola; e smalta prima una volta o due; tanto che vegna piano lo 'ntonaco sopra il muro. Poi quando vuoi lavorare abbi prima a mente di fare questo smalto bene arricciato e un poco raspaso (*Cennino Cennini*, cap. LVII.)

rendu souple, à force de le remanier avec la truelle, et applique-s-en une couche ou deux, jusqu'à ce que l'enduit présente une surface égale ; et comme ce crépi doit recevoir un autre enduit, aie soin de ne pas le lisser, mais de lui donner des aspérités comme celles d'une râpe. »

Lorsque le premier enduit est entièrement sec, on trace dessus le dessin du tableau. Pour cela, on se sert du poncis et on arrête le trait au pinceau. Ce trait sert de guide lors de l'application du second enduit, que l'on ne fait que partiellement, à mesure que le peintre avance et en ne préparant chaque fois que la portion qu'il peut couvrir et terminer dans la journée.

La couche de ce second enduit ne doit pas avoir beaucoup d'épaisseur. En peu d'instans, elle devient assez ferme pour résister à une légère pression du doigt : c'est alors qu'on peut appliquer dessus le poncis, et calquer le trait de la partie que l'on va peindre.

Dans les anciennes fresques, le trait est empreint sur l'enduit, ce qui indique que le peintre, après avoir calqué sur son carton (1) avec un papier transparent la partie qu'il voulait transporter,

---

(1) *Cartone* en italien veut dire *grand papier*.

a appliqué le calque sur l'enduit, et en a imprimé le trait avec une pointe. De cette manière, on ne peut craindre de perdre le trait en peignant.

Couleurs employées dans la fresque.

Les couleurs de la fresque sont en petit nombre : elles se réduisent à celles que la chaux n'altère point et que l'action de la lumière ne change pas. Dès lors, on est privé des couleurs les plus brillantes, telles que l'orpin, le chromate de plomb, les laques, le cinabre et les verts de cuivre (1).

Les jaunes que l'on emploie dans la fresque sont les ocres de différentes teintes. Le jaune de Naples peut aussi être employé dans les intérieurs.

Ces mêmes ocres, calcinées, produisent des rouges peu brillans pour des draperies, mais avec du blanc elles donnent des teintes de chair très vraies.

On peut employer le cinabre en le mettant tremper pendant quelque temps dans de l'eau de

---

(1) On emploie cependant quelques verts de cuivre, et, à l'exemple des anciens, on a aussi employé le cinabre

chaux. Il perd de son éclat, mais il en conserve encore plus que n'en ont les ocres et les oxides de fer.

Les oxides de fer, à divers degrés d'oxidation, produisent des teintes de rouge variées, depuis l'orangé jusqu'au violet. Le violet du tritoxide de fer est terne, on en aurait un plus brillant en mêlant le pourpre de Cassius avec l'alumine, et le calcinant comme le bleu de cobalt (1).

Le bleu est la seule couleur brillante de la fresque. Les anciens ne connaissaient ni le cobalt ni l'outremer employés dans les fresques modernes, ils se servaient d'un bleu de cuivre dont *Vitruve* a décrit la préparation (2).

Les verts se font avec la terre verte de Vérone et quelques verts de cuivre; l'oxide vert de chrôme pourrait être employé.

Les noirs sont très abondans. La terre noire, comme celle de nos crayons tendres, est d'un très bon usage. Les noirs de charbon s'emploient également avec succès. Le noir de fumée calciné est le noir le plus intense et qui conserve sa vigueur plus long-temps.

---

(1) Voyez l'article *Violets*.
(2) Voyez l'article *Bleu égyptien*.

Pour les blancs, on se sert de blanc de craie et de chaux, à laquelle on a restitué l'acide carbonique qu'elle a perdu par la calcination.

Ce blanc, appelé *bianco sangiovanni* par *Cennino* et sans lequel il assure qu'on ne peut obtenir de belles teintes, se préparait de la manière suivante :

On mettait dans une terrine de la chaux très blanche, effleurie à l'air; on la délayait dans beaucoup d'eau, et lorsqu'elle était déposée au fond du vase, on jetait de l'eau, on en remettait de nouvelle et l'on continuait ainsi ce lavage pendant une huitaine de jours; après quoi, on broyait le blanc déposé, et on en formait des trochisques que l'on faisait sécher à l'air. Plus l'exposition à l'air avait duré, plus le blanc avait acquis de qualité.

Cette opération, assez longue, peut être faite très promptement. L'exposition de la chaux à l'air a pour objet de lui restituer l'acide carbonique qu'elle a perdu par la calcination : or, cette restitution peut se faire en quelques instans, soit en faisant passer dans un lait de chaux un courant de gaz acide carbonique, soit en versant dessus une suffisante quantité d'eau saturée de cet acide.

Dans l'article *Fresque* de l'*Encyclopé-*

die (1), il est dit que les couleurs employées pour la fresque ne se détrempent qu'avec de l'eau pure, cela n'est pas vrai pour toutes. On ajoute une matière collante aux couleurs qui, comme l'azur, sont tellement arides que l'eau s'en sépare trop promptement. Avec de l'eau pure, on ne pourrait les fondre ni même les appliquer en couches unies. *Cennino Cennini* distingue toujours les couleurs qui s'emploient avec ou sans matière collante (*tempera*): ainsi, en parlant du blanc appelé *sangiovanni*, il a grand soin de dire qu'il s'emploie sans colle; et en parlant du noir de charbon, il dit expressément qu'il exige l'addition de la colle aussi bien dans la fresque que dans la détrempe.

On conçoit qu'une terre argileuse, comme la terre verte, la sanguine et l'ocre jaune, qui retiennent l'eau long-temps, n'a pas besoin d'être délayée avec aucun excipient visqueux; mais toutes les couleurs qui, comme le sable, ne retiennent pas l'eau, ne pourraient se travailler facilement sans une matière glutineuse qui les conserve liquides.

La colle (*tempera*) dont *Cennino Cennini*

---

(1) Cet article est rédigé d'après le P. *Pozzo*.

conseille l'emploi est composée de blancs et de jaunes d'œufs battus ensemble. On pourrait n'employer que la partie albumineuse seule, ou le sérum du sang, qui est aussi de l'albumine, ou même le sang pour les couleurs brunes. Ces diverses matières forment avec la chaux une colle qui devient insoluble en séchant.

Quelques peintres délaient avec du lait les couleurs qui ont besoin d'une matière collante pour rester liquides. La partie caseuse du lait forme avec la chaux une colle insoluble après sa dessiccation; mais, au lieu de lait, il vaudrait mieux employer la colle de fromage préparée avec soin (1).

L'azur, l'outremer, le noir de charbon sont les seules couleurs pour lesquelles on recommande l'emploi d'une colle. Il serait mieux de prescrire en général le mélange de la colle avec toutes les couleurs qui ne retiennent pas l'eau, et par cette raison ne restent pas long-temps liquides. Cette addition ne fera que rendre l'exécution plus facile sans rien ôter à la solidité de la peinture, puisque la colle dont on se sert devient insoluble après sa dessiccation.

---

(1) Voyez cet article, page 239.

J'ai annoncé, au commencement de cet article, que j'espérais démontrer que la supériorité de quelques fresques dans le coloris tenait au procédé suivi dans l'application des couleurs. C'est encore sur l'autorité de *Cennino Cennini* que j'appuierai ma démonstration. Voici comme il s'exprime :

Après avoir décrit comment il faut préparer une tête en commençant par les ombres et plaçant progressivement les demi-teintes et les clairs, il ajoute :

« Il y a des peintres qui, lorsqu'ils ont ainsi
» préparé une tête, prennent un peu de blanc
» sangiovanni délayé dans l'eau pure, et don-
» nent avec ce blanc quelques touches de clair
» pour exprimer le relief des parties saillantes ;
» ensuite ils appliquent une teinte rosée sur les
» lèvres et sur les joues, puis ils reviennent par
» dessus avec un peu d'*aquarelle* (*couleur de*
» *chair*) *très liquide*, et la tête est coloriée ; il
» ne reste plus qu'à donner quelques touches de
» lumière sur les parties saillantes. Ce procédé
» est bon. D'autres appliquent d'abord sur le
» visage une teinte générale de chair, puis ils
» l'ombrent avec un mélange de cette couleur
» et de vert brun (*verdaccio*) et terminent par
» quelques touches de clair. Cette méthode est

» celle de gens qui ne connaissent pas les res-
» sources de leur art (1). »

On ne peut décrire plus clairement le procédé des glacis, qui produisent des teintes très différentes de celles obtenues dans la pâte et beaucoup plus brillantes. Ces glacis doivent s'appliquer en dernier, lorsque la partie que l'on peint est terminée dans la pâte, et qu'il ne reste plus qu'à lui donner ou plus d'éclat, ou plus de vigueur. Les premières couches de couleurs appliquées sur le mortier frais font corps avec lui; mais on ne peut pas en mettre une épaisseur indéfinie, et après quelques heures de travail, lorsque la peinture s'est embue, lorsque l'eau qui rendait la couleur maniable est absorbée, de nouvelles couches de couleurs ne se lieraient plus à

―――

(1) Alcuni maestri sono che, stando il viso in quella forma, tolgono un poco di bianco sangiovanni stemprato con acqua e vanno cercando le somità e rilievi del detto volto bene per ordine : poi danno una rossetta ne' labri e nelle gotte cottale meluzina : poi vanno sopra con un poco d'*acquarella*, cioè incarnazione, *bene liquida*, e rimane colorito. Toccando poi sopra i rilievi, ed è buon modo. Alcuno campeggia il volto è incarnazione prima; poi vanno ritrovando con un poco di verdaccio e incarnazione e rimane fatto. Questo è un modo di quelli che sanno poco dell'arte.

la première : alors on ne peut plus travailler qu'avec des eaux colorées. Les hachures qui se voient dans les fresques de *Raphaël*, du *Domiquin*, etc., sont de véritables glacis qui font corps avec la peinture du dessous, parce qu'elles n'ont point d'épaisseur (1).

L'application de ces glacis exige quelques précautions pour ne pas attaquer la couleur du dessous; aussi *Cennino* conseille de se servir de pinceaux de petit gris, qui sont extrêmement mous. D'ailleurs, on ne les applique que lorsque la couleur qu'ils doivent recouvrir est devenue ferme par l'absorption d'une portion considérable de l'eau qu'elle contenait au moment de son application.

Je suis convaincu que c'est, en grande partie, à l'emploi des glacis qu'on doit attribueur la différence que l'on a remarquée entre les anciennes fresques et plusieurs de celles de nos jours. On a reproché à quelques unes de celles-ci de ressembler à de la peinture en détrempe. En effet, il ne peut y avoir de différence entre les deux espèces de peintures, si les couleurs y sont, dans

---

(1) On peut voir l'effet des glacis sur un fragment précieux d'une peinture de *Luini*, qui fait partie de la collection de M. le comte *de Sommariva*.

l'une et dans l'autre, employées dans la pâte; elles seront également opaques.

Je crois inutile de parler des précautions à prendre pour conduire le travail, de manière que les parties terminées ne puissent gêner l'exécution des autres; je ne dirai rien non plus sur la manière de préparer les teintes et de les essayer. Quand j'entrerais à cet égard dans les détails les plus minutieux, cela ne pourrait suppléer l'expérience, qui ne s'acquiert que par la pratique. Je suis convaincu que celui qui n'a jamais peint ou du moins vu peindre la fresque ne pourra réussir la première fois qu'il entreprendra d'essayer ce genre de peinture.

FIN.

TABLE DES MATIÈRES.

Pages.

Extrait du rapport fait a l'Académie des Beaux-Arts de l'Institut royal de France. 1

Introduction ix

CHAPITRE PREMIER.

Recherches sur les divers procédés employés dans la peinture a l'huile, depuis Hubert et Jean Van-Eyck jusqu'à nos jours 1

CHAPITRE II.

Des Vernis 42

§ 1er. Des différentes substances qui entrent dans la composition des vernis 46

DES BITUMES.

Asphalte ou bitume 47
Succin ou carabé . . . . ib.

DES RÉSINES.

Résine animée 49
Copal 50
Laque 52
Mastic 53
Sandaraque 54

TABLE DES MATIÈRES.

DES HUILES.

Des huiles fixes ou grasses.	55
Huile de lin.	56
Huile de noix.	57
Huile d'œillette.	ib.
Préparation de l'huile siccative	58

DES HUILES ESSENTIELLES.

Essence de térébenthine.	61
Huile d'aspic.	62
Huile de romarin.	63
Huile volatile de pétrole (naphte).	ib.
§ II. Préparation des vernis.	65
Vernis qu'on peut employer en peignant.	ib.
Vernis des Italiens.	ib.
Vernis des Flamands.	67
Vernis des Anglais.	70
Vernis huileux au copal.	71
Vernis pour les tableaux	87

CHAPITRE III.

De l'emploi du vernis dans la couleur.	92
§ Ier. Des glacis.	95
§ II. De l'action de l'air et de la lumière sur les huiles et les résines.	99
§ III. Des gerçures et du moyen de les éviter	101

TABLE DES MATIÈRES.

CHAPITRE IV.

Pages.

De la préparation des couleurs 104

JAUNES.

Chromate de plomb . . . . *ib.*
Jaune minéral (*sous-chlorure de plomb*) 106
Jaune de Naples 110
Iodure de plomb 113
Ocres 114
Orpin ou orpiment 117
Sulfure de cadmium 118
Gomme-gutte 119
Jaune indien 120
Laques jaunes . . . . *ib.*

ORANGÉS.

Chromate orangé de plomb (*sous-chromate de plomb*) . 121
Massicot (*protoxide de plomb*) . . . . *ib.*
Minium 123
Orpin rouge (*réalgar*) 124

ROUGES.

Carmin . . . . *ib.*
Cinabre 129
Deuto-iodure de mercure 133
Laque 135
Procédés pour préparer les laques 140
Laque de garance 144
Observations 152

	Pages.
Des qualités de la garance.	157
Du choix des eaux	ib.
Sur la matière violette et l'action de l'eau acidulée .	158
Précipitation de la laque.	160
Falsification de la laque de garance, moyen de découvrir la fraude	163
Oxides rouges de fer.	165

VIOLETS.

Pourpre de Cassius	166
Tritoxide de fer (*oxide violet de fer*)	167

BLEUS.

Bleu de cobalt (*arséniate et phosphate de cobalt et alumine*).	168
Bleu égyptien employé par les anciens.	170
Cendres bleues	174
Bleu de Prusse	176
Outremer.	178

VERTS.

Malachite et vert de montagne	187
Oxide de chrôme	188
Terre verte.	191
Verdet ou verdet-gris cristallisé (*acétate de cuivre*) .	193
Vert de Schéele.	194
Vert de Vienne.	197

BRUNS.

Asphalte ou bitume.	200
Brun de bleu de Prusse	203

TABLE DES MATIÈRES.

	Pages.
Stil de grain brun.	204
Terre d'Ombre	205
Terre de Cassel et de Cologne.	207

NOIRS.

Noir d'ivoire	208
Noir d'os	ib.
Noir de charbon	ib.
Noir de liége	ib.
Noir de café.	ib.
Noir de fumée	209
Encre de Chine.	210

BLANCS.

Blanc de plomb.	222
Blanc de Krems.	227
Procédés pour ramener à leur blancheur première les touches de blanc de plomb noircies des anciens dessins.	235

CHAPITRE V.

DE LA PRÉPARATION ET DE L'IMPRESSION DES PANNEAUX, DES TOILES ET DES MURS	237
De l'impression du taffetas	245
De l'impression sur les murs.	247
Méthode expéditive d'ébaucher sur des fonds imprimés en détrempe	249

CHAPITRE VI.

DE LA CONSERVATION DES TABLEAUX ET DE LEUR RESTAURATION	252

CHAPITRE VII.

Théorie de la colorisation appliquée a l'harmonie des couleurs 269

CHAPITRE VIII.

De la fresque. 299
Couleurs employées dans la fresque. 307

FIN DE LA TABLE.

ERRATA.

Page 5, ligne 23, l'avait décrit depuis plusieurs siècles; *effacez* le mot depuis.

Page 35, ligne 11, *au lieu de* che si fania; *lisez* che si faccia.

Page 75, ligne 11, *au lieu de* à l'état du gaz; *lisez* à l'état de gaz.

Page 78, ligne 19, *au lieu de* et sa pause; *lisez* et sa pause.

Page 118, ligne 18, *au lieu de* n'abandonne l'iode; *lisez* n'abandonne le cadmium.

Page 121 ligne 16, après : qu'avec précaution; *ajoutez* par exemple.

Page 122, ligne 15, après : avec avantage; *ajoutez* dans les ombres et.

Page 305, ligne 22, *au lieu de* che non puo ener; *lisez* che non puo esser.

Page 309, ligne 11, *au lieu de* on jetait de l'eau; *lisez* on jetait l'eau.

www.ingramcontent.com/pod-product-compliance
Lightning Source LLC
Chambersburg PA
CBHW050154230526
45470CB00001B/95